简·奥斯汀传

[英] 詹姆斯·爱德华·奥斯汀-利　著
邓晓峰　译

古吴轩出版社

图书在版编目（CIP）数据

简·奥斯汀传 /（英）詹姆斯·爱德华·奥斯汀-利著；邓晓峰译. -- 苏州：古吴轩出版社，2021.9
（名人名传书系）
ISBN 978-7-5546-1489-1

Ⅰ. ①简… Ⅱ. ①詹… ②邓… Ⅲ. ①奥斯丁（Austen, Jane 1775-1817）—传记 Ⅳ. ①K835.615.6

中国版本图书馆CIP数据核字（2019）第276197号

责任编辑：蒋丽华
见习编辑：闫毓燕
策　　划：崔付建　秦国娟
装帧设计：鸿儒文轩

书　　名：简·奥斯汀传
著　　者：［英］詹姆斯·爱德华·奥斯汀-利
译　　者：邓晓峰
出版发行：古吴轩出版社
地址：苏州市八达街118号苏州新闻大厦30F　　邮编：215123
电话：0512-65233679　　传真：0512-65220750
出 版 人：尹剑峰
印　　刷：三河市华东印刷有限公司
开　　本：880×1230　1/32
印　　张：6.875
字　　数：132千字
版　　次：2021年9月第1版　第1次印刷
书　　号：ISBN 978-7-5546-1489-1
定　　价：45.00元

序　言

关于我的姑姑简·奥斯汀的这本回忆录，受欢迎之程度已远超我的预期。众媒体的报道以及收到的许多陌生信件，令我深感人们对姑姑的兴趣始终如一。我备受鼓舞，故而决定进行再版，并冒昧添了些内容。

相比初版，此版叙事更为详尽，并加入了少许信件以及她的一些早年作品。应大家公开或私下里的期望，被删的《劝导》章节亦被补录在内。并且《沃森一家》的片段也将由本书印制出版，此次印制出版的还包括姑姑过世前数月才动笔写的小说片段，以及地位最高且还未发表过的短篇故事《苏珊夫人》[①]。

---

① 本版印刷不包括《沃森一家》和《苏珊夫人》。

对于第一版中未能加入上述内容，我深感遗憾与愧疚，因在当时，这些内容我也不知晓，或不由我掌握。对此，我真切希望得到众位的理解，对于我这风烛残年之人来讲，能从这长达半个世纪的尘封往事中发掘出零星碎片，亦是实属不易。

目录

CONTENTS

简·奥斯汀的钢版雕刻肖像，是《简·奥斯汀》第一版（1870）的卷头插画，由利扎斯（Lizars）根据梅登黑德的安德鲁斯先生的画像制作。安德鲁斯的画像根据现珍藏在伦敦国家肖像馆的卡桑德拉·奥斯汀创作的水彩画绘制而成。

1789 年的简·奥斯汀的假想肖像，
奥西亚斯·汉弗莱绘。

第一章 文学巨匠初降世

在温彻斯特大教堂，作为家中最小的成员，我曾参加了亲爱的姑姑简·奥斯汀的葬礼[①]，细细算来，那已是五十多年前的事了。如今，我已步入古稀之年，也时常被问起是否还记得姑姑的传闻逸事及为人品性，以满足那些自她逝世后才出生的一代读者的好奇心。

其实，她的一生贫乏、鲜有涟漪，也没有什么大的波折侵扰她平静如水的人生。她在世时，她的才华并没有引起其他作家的关注，或者使她跻身文学界，更未在任何程

---

① 因为父亲身体抱恙，所以我代他出席了葬礼，我是我这辈人里唯一出席葬礼的人。

温彻斯特大教堂，奥斯汀墓地所在。旁边是一块草坪，设有纪念窗口，感兴趣的游客可以参观墓室。

度上改变她平淡无奇的隐居生活。即便是声名卓著，那也是死后的事了。

因而，有关姑姑的一生，我也没有详尽的材料可以提供。但对她的为人品性，我倒是记忆犹新，若是可以勾画出来的话，或许能吸引一些人来了解她那颗极富创造力的头脑。正是这颗头脑为我们孕育了许多熟知的人物：达什伍德一家、贝内特一家、伯特伦一家、伍德豪斯一家、索普一家和默斯格罗夫一家——这些栩栩如生的人物伴着许多家庭度过炉火旁的时光，就如同这些家庭的邻里一般熟悉和亲近。

很多人都想知道，她笔下塑造的那些道德高尚、品味独到而又温柔多情的主人翁，其品性是否源自作家自身，且她在真实生活中是否也是这样与人相处。这一点我确实可以做证，她笔下那些令人喜爱的主人翁的优点，无一不是她本人性情温柔、情深义重的真实写照。

她离世时，我还小，却对她印象颇深。尽管五十多年的时光抹去了我大部分记忆，但我始终记得我们这些侄子、侄女与简姑姑相处的那一段快乐时光。在我们眼中，我们喜欢她并不是因为她聪慧过人，更不是因为她声名远扬，而是因为她有一颗天使的心，因为她善良、仁爱且幽默。

尽管对于她超然卓群的一生，我是个活着的见证者，但我是否能为读者勾勒一个模糊的轮廓，让读者也能感受这一切，对此，我仍心存疑虑。不过，好在还有几位现在还在世又熟知她的人[①]的帮助，我深感应该尝试一下做这件事。我也愿意义不容辞地去做这件事。虽然我能谈的不多，但在世的人中，再也没有谁能像我一样，这么了解她了。

1775 年 12 月 16 日，简·奥斯汀出生在汉普郡史蒂文顿的一位教区长家中。她的父亲是乔治·奥斯汀，他的家族很久以前就定居在肯特郡的滕特登和塞文欧克斯附近。我深信在十七世纪早期，该家族曾经营布匹。哈斯特德就曾在他写的有关肯特郡的历史中记叙道："布匹曾由专人经营，这些人几乎占据着威尔德地区的所有土地。如今这些家族不仅拥有广阔地产，晋升为士绅阶层，有的还被授予爵位，他们的祖先都是经营布匹起家的，如今这一产业已衰落至不为人知了。"在哈斯特德的家族清单中，奥斯汀就赫然在列。哈斯特德还提到，"这些布匹商通常被称为'肯特的灰外套'，这个群体颇为人多势众，肯特郡选举时，谁

① 我主要的帮手是我的姐妹 B. 勒弗罗伊太太和奥斯汀小姐，在某些事情上，她们对姑姑的回忆比我的记忆更生动。我不仅借鉴了她们的回忆，有时还直接引用了她们的文字。事实上，本书的结尾部分几个段落完全出自奥斯汀小姐之手。我还要感谢我的表亲们，尤其是查尔斯·奥斯汀将军的女儿们，多亏她们把手中保留的书信和手稿给我，不然这本回忆录的内容就更乏善可陈，根本没法完成了。

能保障他们的利益，得到他们的支持，基本就能赢得郡里的选举”。奥斯汀家族仍保留着这个渊源的标志，他们仆人的制服颜色介乎浅蓝和白色之间，这种独特的颜色被称为“肯特灰”。

乔治·奥斯汀在九岁时，便失去了父母，也没有继承任何遗产。但幸好他有一位善良的伯父弗朗西斯·奥斯汀，他是坦布里奇当地一位卓有成就的律师，也是后来住在基平顿的奥斯汀家的先祖。虽然他自己的孩子也需要抚养，但他依然慷慨地供养了成为孤儿的侄子。乔治在坦布里奇学校受到了良好的教育，并获得了奖学金，得以进入牛津圣约翰学院，然后又在牛津圣约翰学院担任研究员。1764年，他得到了两个教区区长的职位，分别位于汉普郡迪恩和史蒂文顿教区。前者是由其慷慨的伯父弗朗西斯为其购得，后者则由当地领主、他的表亲奈特先生赠予。但在当时看来，这两笔收入加在一起也并非是个大数目，因为这两个村庄相隔不过一英里，总人口加起来不到三百人。

同年，乔治·奥斯汀迎娶了教区长托马斯·利的小女儿卡桑德拉。托马斯是住在沃里克郡的利家的一员，他还是万灵学院的教员，是学院管辖的哈珀斯登教区的教区长，这片教区挨着泰晤士河上的亨利镇。托马斯·利是西奥菲勒斯·利博士的弟弟。西奥菲勒斯·利生前在牛津大学可谓鼎鼎有名，他活到了九十岁，曾在牛津大学贝利奥尔学院担任院长达五十多年。他能言善辩，远近闻名。他时常妙语连珠，双关语、俏皮话都是信手拈来，与人争辩时更是舌灿莲花。不过他这一生最大的玩笑莫过于他的寿命，他的寿命之长远远超出了大家的预期。他曾是基督圣体学院的教授，当时由于贝利奥尔学院内部无法选出一个能当院长的成员，最后推选他来当院长，有一部分原因是考虑到他身体孱弱，可能这一职位很快便会空出来。

后来据说就是因为他长期“霸占”着这个职位[①]，成为学院委员会的噩梦，才令学院委员会因为选了一位院外人士当院长而遭到了报应。我猜想，最近刚被拆掉的贝利奥尔学院内那座朝向主干道的前门，应该就是西奥菲勒斯就职期间修建的，或至少他在那时主持修缮过。因为前门檐口上最靠近三一学院大门的门楣角落处有利家族的纹章。不过，这一历史印迹现已荡然无存，被一座华美建筑所湮没，正所谓“铭刻于碑，碑铭谁记”。

他的声名并不局限于学院内，很多人都知道他言辞诙谐而睿智。斯瑞尔女士就曾在一封给约翰逊博士的信中提道：“不知您是否听说过利博士，他是贝利奥尔学院的院长，您不认为他精神矍铄、令人愉快吗？谁能相信他已是

① 关于这次选举的有效性似乎存有质疑，赫恩说此传闻来源于委员会的监察员，他也向监察员证实过。

八十六岁高龄了！某次有人告诉他，最近在枢密院的辩论中，财政大臣在敲击桌子时太过用力，把桌子都给拍裂了。他听说这件事后，这样回应道：‘不，不，不，我看他不是把桌子拍裂了，而是把议会拍裂了。’我还未听到过哪个双关语有比这个更绝妙的。”

他有很多名言警句至今仍在家族中广为流传。一次，他去拜访一位从来都不看书的老先生。这位先生将他带入一个房间，从窗口可俯瞰整个巴斯大道，当时那里是著名的景点，各个阶层的游客正熙熙攘攘，漫步道中。这位老先生扬扬自得地说：“看，博士，这就是我的书房。”西奥菲勒斯环顾四周，果然屋中不见一本书，他便回答道：“先生，您的书房果真名副其实，想必您定是知道蒲柏曾说过‘人类最好的研究便是研究人类自身’。”我父亲去牛津时曾有幸获邀，与这位赫赫有名的表亲吃了一顿饭。当时父亲还是位大学新生，初来乍到，对于牛津的习俗尚不熟悉，他进门后正准备像平时脱掉大衣一样脱掉长袍。这位耄耋之年的老者便冷冷一笑：“年轻人，不用脱，我们又不是去战斗。”

纵年华易逝，他的这份幽默感直到临终也未曾减退。正应了蒲柏的另外一句话：“压倒一切的激情在死亡面前也不示弱。”在他离世的前三天，他得知一位老朋友新近结婚了，据称那人全靠吃鸡蛋才从长久的病痛中康复，人们逗趣说他是被怂恿着结了婚，西奥菲勒斯立刻迸出一句更胜一筹的俏皮话："但愿那婚姻的枷锁轻点锁着他哩。"这种与生俱来的幽默感，在这位贝利奥尔学院的院长和他的侄孙女简·奥斯汀身上，以及家族中其他几位成员身上也体现得淋漓尽致，然而这到底是承袭自哪位祖上，我却无从知晓。

奥斯汀夫妇先是住在迪恩，1771 年时迁至史蒂文顿，在那生活了将近三十年。他们婚后不久，就开始负责照管一个孩子，这个孩子就是著名的沃伦·黑斯廷斯的儿子。在结婚之前这个孩子就托付给了奥斯汀先生，估计多半是受姐姐汉考克太太委托，因为当时汉考克先生在印度为黑斯廷斯工作。格莱格先生在《黑斯廷斯传》一书中提到，乔治是黑斯廷斯与第一任妻子所生，他在 1761 年被送往英格兰接受教育。但是格莱格先生始终无法确定是谁养育了这个孩子，也不知孩子后来怎样了。根据家中一直以来的说法，我得知乔治很早之前就因患了坏疽性咽炎夭折了，奥斯汀太太对他的感情很深，视如己出，因他的死而悲痛欲绝。

大概就在那个时候，玛丽·罗素·米特福德的祖父罗素博士刚好任相邻的阿什教区的教区长，因而这两位著名女作家的父母们在当时一定曾经紧密来往过。

由于我所讲述的事距今已有百余年，百年间社会风俗习惯也变幻无常，因此对我而言，这其中的变迁还是值得一谈的。或许涉及的都是些微不足道的小事，但是时间让这些小事具备了一定的重要性，犹如时间的陈酿给红酒注入独特的风味一样。哪怕描写的是居家生活中的平常小事，若能在长久的尘封中被重新发掘出来，如今读来也自有意趣。对于我们的祖先做了什么、说了什么，我们有一种自然而然的好奇心，尽管它们也许并不比我们日常所做、所说的更睿智或文雅。

我们这一代人或许没有意识到：我们使用的日常用品，尽管现在看来是必备之物，但在祖父、祖母的年代却是闻所未闻的东西。现今，迪恩和史蒂文顿之间早已修好了平坦大道，跟最好的税卡公路一样平整。但是，在 1771 年奥斯汀一家从迪恩搬到史蒂文顿时，那里还仅仅是一条大车路，上面满布深深的车辙沟，连轻型马车也无法通行。奥斯汀太太当时身体欠佳，在这段旅途中只好躺在一辆拉着他们家当的四轮货车里，最上面为她铺了一个羽毛褥子，下面又垫了些柔软的物什。在那时，这条路平时很少跑载人的马车，当偶尔遇到葬礼或婚礼之事时，人们总是会带着铲和镐，把路上的坑洼填平。当时，即便是人们心目中有头有脸的人物也还未摆脱愚昧，说话也难免粗俗。

有一次，奥斯汀家的邻居，一位田产丰厚的乡绅，问了奥斯汀先生一个问题："到底是巴黎在法国，还是法国在巴黎？这类事情你应该清楚，那么一定要告诉我，因为我老婆一直在喋喋不休地和我争论这个问题。”这位先生还跟家人讲述了他听到的教区长和太太之间的一段对话，并且模仿教区长妻子赌咒她的丈夫。他的女儿听到了，责备他说奥斯汀太太从来不赌咒发誓，让他赶紧好好说话。他回答道：“唉，贝蒂，你为什么无缘无故打断我呢？当然没有人赌咒发誓，你也知道，这不过是我讲故事的风格罢了。”最近，一位著名作家的言论引起了人们的关注，他声称两百年前英国神职人员的素质还比不上世俗之人。如果拿偏僻地区的神职人员跟乡绅比，这种说法无疑是正确的，因为这些乡绅出入议会后融入伦敦的社交圈子，在几个郡范围内成了呼风唤雨的领头人物。但是，平心而论，若将乡村教区长同他们经常打交道的农民相比，情况就不一样了。

那些甚少远出，除了偶尔去一趟本郡城镇外，不会远离自己家的小地主，无论是拥有上千亩地的地主，还是耕种世袭下来的一两百亩地的自耕农，在那时形成了一个数目庞大的阶层，他们都是自己教区的贵族。但是就教养仪态而言，这一小地主阶层的素质与比他们高一档次的乡绅相比，差别很大。这是因为在文明的进程中，所有阶层都在进步，不过下级阶层的人进步得更加明显些。这便是社会所谓的“等级提升”过程，也可以说是后浪推前浪的“排齐”过程，即下面的阶层与上面的阶层会越来越相似。

《哈姆雷特》中提过“三年来农民的脚趾头已经挨近朝廷贵人的脚后跟”这一现象。这可能是莎士比亚对自己所处时代的讽刺，但它的确披露了所有时代都存在的社会进步规律。我相信在一个世纪以前，绝大多数乡村教区的进步都是由神职人员引领的。在那时，如果一个教区的教区长既是位绅士又是学者，无论是学识还是礼仪，都会胜于教区里的主要居民，于是他就成了一个高尚优雅、彬彬有礼的核心人物。

奥斯汀先生年轻时帅气又潇洒，老了仍然仪表堂堂。在牛津任职时，人们都称他为“帅气的学监”。在巴斯时，他已年过古稀，尽管满头银发，却依然神采奕奕，备受瞩目。他身为一名优秀的学者，两个儿子在他的辅导下都上了大学，他在指导其他几个子女学习的同时，还招收学生以补贴家用。

奥斯汀太太的才华，很多都传承到了女儿简·奥斯汀以及其他几个子女身上。她想象力丰富，判断力敏锐，她常用短诗和警句来表达自己的观点，言语诙谐，一针见血，有时是诉诸文字，有时在言谈中便出口成章。跟这个家族的其他人一样，她也很长寿，活到了耄耋之年。晚年时，她一直备受病痛折磨，但依然很乐观。有一次，她对我说：“亲爱的，你把我放在沙发上，我就不挪窝，你离开时，我待这儿，你回来时，我还待这儿。有时我在想，上帝一定是把我给忘了。不过，我敢说，他肯定会在合适的时候来接我走的。”1827 年 1 月，她在查顿逝世，并长眠于此，享年八十八岁。

对简·奥斯汀来说，家庭太重要了。因此，很有必要简单介绍一下她的兄弟姐妹让大家了解，因为这些人的性格或职业对她的写作或多或少都产生过影响。当然，让大家了解一些涉及隐私的人物和事件，并不是我的初衷。

简·奥斯汀最年长的哥哥詹姆斯，也就是我的父亲，在牛津大学圣约翰学院读书时还非常年轻，是定期刊物《闲者》的创始人和总编。这本期刊的模式大致与《旁观者》及其后继刊物相仿，但主题多与牛津学院相关。后来父亲很少谈及这份刊物的工作，谈到时也是轻描淡写，其实他完全可以炫耀一番的，无论那些文章价值如何，那确是他有生以来写过的最好的作品了。他广读英国文学，品味高雅独到，无论创作散文还是创作诗歌，都得心应手，信手拈来。父亲比简·奥斯汀大十岁，我认为他在指导简·奥斯汀读书和品位培养方面起了很大的作用。

简·奥斯汀的二哥爱德华长期与家人分离，因为他很早就被表亲奈特先生收养，一直住在肯特郡的高德默厦庄园或汉普郡的查顿大宅，后来爱德华继承了这两处房产，并且改姓奈特。尽管他童年时期很少和家人在一起，长大后他们却经常在一起。简·奥斯汀对这位兄长的感情很深，也很喜爱他的孩子。爱德华·奥斯汀·奈特先生不仅和蔼可亲，亲切宽容，而且风趣幽默，年轻人都很喜欢他。

简·奥斯汀的三哥亨利口才很好，继承了他父亲积极乐观的性格。他是一个令人开心的伙伴，不过他的目标不够坚定，因此在事业方面不如自己的兄弟那么成功。他到中年时才成为一名教区长。后面简·奥斯汀的一封书信中将会提到他布道的情况。有一段时间，他住在伦敦，顺便帮妹妹简·奥斯汀打理出版事务。

十八世纪末到十九世纪初是英国海军的辉煌时期，简·奥斯汀的两个最为年幼的兄弟弗朗西斯和查尔斯均在海军服役。那时，若是这两兄弟作为海军，仅仅是于船上漂荡，不见半点功勋，是不可能受到尊崇与敬仰的。因此他们在大大小小的战役中裹血力战，凭借所取得的胜利，一步步获得晋升。两兄弟后来都位至海军上将，所率部队横扫远邦。

弗朗西斯于1865年逝世，享年九十三岁，获得了巴斯勋位大十字章骑士称号。他性格坚毅，具有强烈的责任感，对己对人都是如此，所以他是个严格遵守纪律的人。同时他又是一名虔诚的信徒，他严守教规，对自己要求非常严格，从不赌咒发誓，也不允许他人在他面前赌咒发誓，这在当时是十分难得的。有一次，他把船停在一个海边小镇，到教堂祈祷，人们称他为“跪在教堂里的军官”。很庆幸这已成为军队惯例，也不足为奇了。

查尔斯主要在护卫舰或小型军舰上服役，任务是封锁港口，把敌人的战舰驱逐上岸，护航炮艇等，因此经常能从被俘的敌舰上缴获不多的财物。他离开英国，为国效力，一晃就是七年。1840 年，步入晚年的他指挥柏勒洛丰号，参与了对圣让· 德· 阿卡的轰炸行动。1850 年，他指挥黑斯廷斯号出海，统率驻扎在东印度和中国基地的海军舰队。但是缅甸战争爆发后，他将护卫舰换成一艘小型蒸汽单舰艇，想沿着伊洛瓦底江逆流而上，结果到了 1852 年，他在舰上不幸染上霍乱死去，享年七十四岁。跟姐姐简·奥斯汀一样，查尔斯也很温和，富有亲和力，因此无论是家人，还是手下的军官及普通士兵，都很爱戴他。

在他临终之际，陪伴他身边的下属写下了这段话："我们优秀的上将谦虚有礼、与人友善，深受所有人的爱戴。即便是与病魔做斗争，依然恪尽职守，履行自己作为英国海军上将的职责。他的去世让整个舰队陷入悲恸。当我发现他故去的那一刻，不禁失声痛哭。" 印度总督达尔豪西先生也发表悼文："这位伟大的海军上将拥有坚忍不拔的品质。尽管他年事已高、病痛缠身，但仍坚守在自己的工作岗位上，直至生命的终结。他值得我们每一个人敬佩和尊重。"

与其他人相比，我对简·奥斯汀的这两个兄弟着墨比较多，这是因为他们光辉的经历让简·奥斯汀喜欢上了海军，因此她愿意描写海军，而且写起来游刃有余。她一直都很谨慎，不涉及自己完全不熟悉的领域，譬如政治、法律或者医学类的题材。有些小说家会贸然触及这些领域，大概都写得华丽有余而准确不足。不过，简·奥斯汀描写舰艇和船员的事则驾轻就熟，至少她可以让自己的弟弟来批评改正。我相信，在《曼斯菲尔德庄园》和《劝导》中有关描写海军的内容少有瑕疵。

但是与简·奥斯汀最亲密的还是比她大三岁的姐姐卡桑德拉。她们之间的姐妹之情很难有人超越。或许，这种情谊源于简·奥斯汀对心地善良的姐姐那种天生的尊崇。这种感情一直未变，无论是简·奥斯汀思想成熟后，抑或是声名鹊起时，谈及姐姐时，也仍然说她比自己更聪明、更优秀。童年时，卡桑德拉被送到拉图雷勒夫人开办的寄宿学校读书，该校位于雷丁镇的弗贝瑞里。简·奥斯汀也跟着姐姐一起去了，其实她还没到上学的年纪，只是无法忍受跟姐姐分离的痛苦，所以两个人只好一起去上学。她的妈妈就曾说过："就算卡桑德拉把头砍下来，估计简·奥斯汀也会立刻跟着做。"这种依恋从未间断或减弱，她们俩同住在一个屋檐下，睡同一间卧室，直至死亡才将她们分离。

但她们的性格却不尽相同。相比之下，卡桑德拉更冷静沉稳，总是小心谨慎，有良好的判断力。她不如简·奥斯汀那么感情外露，也没那么活泼。简·奥斯汀的家人常说：“卡桑德拉好在能够控制脾气，而简·奥斯汀之所以快乐，则是因为脾气从不受控制。”《理智与情感》出版后，有些对简·奥斯汀一家略知一二的人便猜测，达什伍德家的两姐妹就是取材于简·奥斯汀和其姐姐卡桑德拉，但事实并非如此。卡桑德拉的性格或许可以代表埃莉诺的“理智”，但简·奥斯汀的性格与玛丽安的“感性”则没有多少共同之处。不到二十岁的简·奥斯汀能够把玛丽安·达什伍德的缺点看得一清二楚，她自己身上不太可能有这些缺点。

这个家庭是个小圈子，但是随着四个兄弟成家立业、养育子女，小圈子越来越大。简·奥斯汀从中找到了有益身心的快乐、责任和兴趣，在生命的最后十年，她很少走出这个圈子去接触外面的社会。这个家族蕴含着许多令人愉悦和着迷的东西，使得家族成员们过于依赖彼此而与世隔绝，这也是可以理解的。他们在彼此身上能看到许多优点，每个人都值得去爱，去尊重和钦佩。他们一家人说起话来，气氛十分活跃，从不为鸡毛蒜皮的事情争吵，因为他们没有争吵或者辩论的习惯。总之，一家人感情深厚，团结一心、不离不弃，除了死亡，没有可以分裂他们的力量。毋庸置疑，这一切都对简·奥斯汀的小说创作产生了影响。在她的小说中，家庭就是个小舞台，故事总是围绕少数几个人物展开。

虽然简·奥斯汀的社交圈很小，但是她发现周围的人都品位高雅，很有修养。其实，简·奥斯汀小说中塑造的角色，无论是议员、大地主，还是年轻的教区长和家境同样好的年轻海军军官，都来自她熟悉的那个阶层。我认为，她早期的人际交往所产生的影响都在她的作品中有迹可循。这主要体现在两点：首先，不像有些令人反感的小说，她没有追求庸俗，没有把重点放在财富或者官爵的外在附属者身上，仿佛她对此完全不熟悉。其次，她的小说中几乎没怎么涉及那些身份极低或极高的人物。她描写的最底层的人物也不过是像《理智与情感》里的两位斯蒂尔斯小姐、《爱玛》中的埃尔顿太太和《诺桑觉寺》里的约翰·索普，他们品位低下、没有教养，有时也会混入上流社会。她的笔下完全没有像达尔布莱夫人所写的布朗顿一家、杜布斯特先生以及其朋友汤姆·希克斯一类的角色，而达尔布莱夫人向来喜欢用这些人物为小说增加趣味，拿他们与有教养的人形成鲜明对比。

第二章 史蒂文顿成长史

简·奥斯汀一生的头二十五年，是在史蒂文顿的教区长住宅度过的。这段时间超过她短暂一生的一半时间，因此有必要写一下史蒂文顿这个地方。史蒂文顿是一个偏远的小山村，坐落在汉普郡北部白垩质山脉中一个幽静的山谷里。这里距离贝辛斯托克镇大约七英里[①]。西南铁路在一段很短的筑堤上打这里穿过。如果乘火车环绕前行，在距离波帕姆古墓群下的隧道入口大约三英里处，从左侧望出去会看到史蒂文顿的全貌。沿途旅客可以欣赏到村中的美丽景

① 英里：英美制长度单位，1 英里约等于 1.61 千米。

致。这个地方广为户外运动者所知，为较好的狩猎区之一。

不过史蒂文顿并非风景如画，这里既不气势恢宏，也不广阔壮丽。这里的特色虽不明显，却也并非平庸无奇。这里虽然地势高低起伏，但并非山高谷深；虽然植被茂盛，却因土壤贫瘠不见高大树木。尽管如此，其也自有秀丽之处。这里绿草如茵，小径蜿蜒，曲折有致，自然隐匿于其中，延伸至幽深处。有人对此处情有独钟，曾赞颂过这静谧之美：

真正的品味是不挑剔、不抵触，
只因构思纯与美，
往往章无可循处。
从一叶，便观风景无数。
这便是自然之书。

史蒂文顿这座乡村，略显平淡，但是这里地势高低起伏，且草木丰茂，也算得上一个美丽的地方。然而当简·奥斯汀的母亲结婚前初来此地时，对这里的景色却无甚多兴趣。因为她的老家位于靠近泰晤士河的亨利镇，那里河流宽阔，地产丰饶，山峰层峦叠嶂，美不胜收。所以，她对史蒂文顿的景色难有感触，也实属正常。

简·奥斯汀家的房屋坐落在一个低浅的谷地上，周围是草地斜坡，四处长有榆树。这个村庄由一栋栋小房子构成，房子点缀在道路的两旁，每栋房子屋后都有一座小花园，而简·奥斯汀家的房子就位于道路尽头。这栋房子不仅足以容纳日渐增多的家族成员，还能容纳招收来的学生。在那时，它应该胜过一般的教区长家的住宅。但是，里面的房间不如现在大多数普通住房装饰得漂亮。

墙壁与天花板之间并无檐口相连，用以支撑房屋上层的横梁露出赤裸裸的原木，木头上仅涂了一层油漆或石灰水。因此人们认为这房子配不上教区长的身份，在四十五年前就将其拆掉了，随后在山谷另一侧修建了一座新的房子。

简·奥斯汀故居

房屋的北边，是一条自迪恩通向波帕姆巷的大道，因为跟房子有一段距离，所以修了一条马车通道，一直穿过草地和树林，以方便马车在茂密草木中行驶。南边的地势略高一些，有一座老式花园，里面既种蔬菜，也种花草；东边是一堵乡间常见的，起保护作用的茅草泥墙，被茂密的榆树遮蔽。往花园的南面望去，是一个长满青葱绿草的陡坡。简·奥斯汀在描写凯瑟琳·莫兰“在屋后的草坡上滚来滚去”的童年乐趣时，这里一定就是她当时脑海中所浮现的场景。

但是史蒂文顿最为美丽动人之处还应属它的灌木篱笆。这里所指的灌木篱笆，并不是稀稀落落的一道树篱，而是一个由灌木林随意生长而留下的不规则边界，其间经常会有一条蜿蜒曲折的小径或者是马车道。人们偶尔会在篱笆下面发现最早开放的报春花、银莲花和野风信子。有时还会看到一个早早迁徙而来的鸟儿筑起的鸟巢，以及不太受欢迎的蝰蛇。史蒂文顿延伸出的这两道灌木篱笆，也可以说是从教区长住宅的花园延伸出来的。其中一道从绿草坡向西曼延，构成住宅草地的南部屏障，也形成一片乡间灌木林，几张椅凳零星散落其中，被命名为“林荫小道”。另一道篱笆直接沿山坡而上，直达教区教堂，被称作“教堂小道”。沿着它也可以走到一栋漂亮的亨利八世时期的古老宅院，迪格维德一家住在那里已经有一百多年了，这个教区的大部分农田都是他们家租种的。那座教堂在被修缮前，看起来就是：

小小教堂无尖顶，
塔顶没树略显形。

在一般人看来，这座教堂也许简陋无趣，但教堂建筑的行家打眼一看肯定就知道，它已经有大约七百年的历史。无论是小型圣坛的整体比例，还是早期的英式窄窗，都自带美感。这里位置偏僻，远离尘世喧嚣，除了从那环绕的无花果林的缝隙中隐约可见迪格维德家的灰色宅院，不见一处民居。这里有一种庄严肃穆的氛围，作为逝者最后的安息之地非常合适。南墙下芳香的紫罗兰，或紫色，或白色，团团簇簇地盛开。人们禁不住会发出这样的感慨：这些小花在这个静谧且阳光和煦的角落已经经历了多少个世纪？现在有多少个家庭能拥有这样一块古老的土地？高大的榆树伸展着粗壮的枝丫，老山楂树每年都会把花瓣撒在坟墓上，而那棵中空的紫杉树或与教堂同龄。

但无论这周围的风景美还是不美，这都是简·奥斯汀生活了二十五年的地方，是孕育简·奥斯汀才华的摇篮。这里的景色，让她年轻的心早早体会到了大自然的美。沿着林荫道漫步，她的内心就会浮想联翩，这些想法渐渐成形，最终呈现在世人面前。在这座简朴素雅的教堂中，她把所有的想法都化为一种对上帝的虔诚，这种虔诚伴她度过此生，令她坦然面对死亡。

奥斯汀一家在史蒂文顿生活多年，他们一直很快乐。家里没有亲人去世，因此鲜少感到悲伤。除了普通教区长的住宅优势之外，他们还拥有一些独特的优势。史蒂文顿是奈特家族的领地，领主奈特先生几乎拥有整个教区的土地，但从未在史蒂文顿居住过。因此在这里，教区长和他的子女就被看作奈特一家的代表。奥斯汀一家跟主要佃户共同掌管这座庄园，因此奥斯汀家族获得了土地主人般的尊重。他们虽然并不富有，但是因为有奥斯汀先生的学识，所以能负担所有子女接受良好的教育。他们跻身当地的上流社会，同时对待亲朋好友也是热情备至。

奥斯汀家拥有一辆马车及一对马匹。虽然在那个时代这算不得什么，但放到现在，这也许意味着一种高雅的生活方式。那时还没有征收固定税，马车一旦买下，日后就不会再多费钱。马匹很可能就像贝内特先生家的一样，常常用来干农活。另外，那个时候，如果女士们想出去走走，至少需要两匹马拉车，因为就当时的路况和马车的制造技术而言，不可能出现一匹马拉的舒适马车。从十八世纪还存留的少数马车式样，我们就不难看出马车有多么笨重，且车内空间多么狭窄、令人不适。设计者从不考虑这样的马车坐起来会有多么不舒服。

他们家有两位来往密切的表亲——爱德华·库珀和简·库珀，这两位是奥斯汀夫人的大姐和库珀博士的孩子。库珀博士在靠近雷丁的泽宁教区任教区长。库珀一家在巴斯生活过几年，尤其库珀退休之后，更是经常到那里。我认为卡桑德拉和简·奥斯汀不时会去拜访他们一家，因此简·奥斯汀对巴斯的环境和风俗都非常熟悉，所以在她到那里定居之前就写出了以巴斯为背景的《诺桑觉寺》一书。库珀夫妇去世时，他们的两个孩子年龄都还不大。后来，这两个孩子经常会去史蒂文顿长住。爱德华·库珀是赫赫有名的人物。1791 年他便凭借拉丁文六步格诗《英式花园》获奖，之后又以预言书籍《危机》而闻名于世。而他的宗教类书籍，特别是几卷布道词，在我年轻时便有诸多教堂广泛使用了。而简·库珀则从史蒂文顿的姨夫家出嫁，嫁给了托马斯·威廉斯先生。查尔斯·奥斯汀曾经在托马斯手下为其船队效力。简·库珀与简·奥斯汀同名，两个叫简的女孩子成了闺中密友。但是命运无常，简·库珀结婚几年后，便因意外死于马车事故，这让简·奥斯汀痛苦万分。

在史蒂文顿，奥斯汀家族还有另外一位往来密切的表亲，她给这个家族增添了别样的色彩。她是奥斯汀先生唯一的姐姐所生之女——汉考克小姐。她在巴黎接受教育，后来嫁给德·弗亚德伯爵。关于这位伯爵，我知之甚少，只知道他在法国大革命时被推上了断头台。他最大的“罪过”源于他的贵族身份，他的罪名是“缺乏公民责任”，而理由是他将农田弃耕抛荒，意图制造饥荒妨碍和羞辱共和国政府。他的妻子经历千难万险终于回到英国，而后寄住在舅舅家，最终嫁给了表弟亨利·奥斯汀。《亚眠和约》签订之后，英法短暂休战，于是她和第二任丈夫便前往法国，试图拿回伯爵的部分财产，结果差点沦为囚犯。当时，波拿巴政府下令拘捕所有在法的英国游客。多亏亨利·奥斯汀夫人在驿站中自食其力，她假装法国人，她的法语讲得太好了。她被当作法国人，她的丈夫也因此逃过一劫。

她冰雪聪明，八面玲珑，追求法国时尚，而不是英国时尚。当时战争长期打断了英国与欧洲大陆的所有联系，这种情形下，一个乡村教区长家还能有这样一个人物，也真是难得。奥斯汀姐妹能够掌握那么多的法语知识，可能更多的是依仗这位表姐，而不是单凭拉图雷勒夫人的教导。家里几次进行业余戏剧演出，她都担任主要角色。夏天时舞台就在谷场，到了冬天就在狭小的饭厅。演出的开场白和结语由简·奥斯汀最年长的兄长撰写，其中一些内容极为生动搞笑。这些演出最初开始时，简·奥斯汀才十二岁，最后一次时，她也不过十五岁。虽然简·奥斯汀这位观众年纪尚幼，却善于观察，想必她在《曼斯菲尔德庄园》描写的那些生动的情景剧，就是来自早年的这些回忆。

在他们离开史蒂文顿之前，简·奥斯汀家里发生了一件令人痛心的事。当时，卡桑德拉已订婚，准备嫁给一位年轻的教区长。教区长经济窘迫，时常捉襟见肘，实在无法让两人马上结婚。但是婚约不可能取消，也不可能长期拖下去，因为他有望获得一位贵族的早日提拔。这位贵族是他的发小，两人私交甚笃，他便作为随军教区长陪这位朋友去了西印度群岛，结果却死于黄热病，这一不幸事件让他的贵族朋友兼长官深感自责。后来他声称，若知道朋友有婚约在先，就不会让他在这种恶劣的天气下出远门了。这一悲剧令卡桑德拉痛不欲生，久久不能释怀，给大家的心里也蒙上了一层阴影。同姐姐年纪相仿、关系亲密的简·奥斯汀，对此也最是痛心。

对于简·奥斯汀的爱情经历，我则无法娓娓道来。在1821年1月份《评论季刊》上有位批评家谈到范妮·普莱斯对埃德蒙·伯特伦的痴情时说："爱情这种感情默默地藏在心里，以微薄的希望和快乐作为支撑，让原本积极、满足和从不猜忌的心充满骚动与嫉妒，让每件事、每个想法都受到影响，而这一切都描绘得如此生动细腻。这种生动和细腻只有一个女性才能写得出来，而且应该说是一个拥有过这种爱情的女性才能写出来的。"

这推断看似合理，实则不着边际。这生动的描绘来自天才的直觉观察，并非个人的经历。在生活的境遇方面，简·奥斯汀跟《曼斯菲尔德庄园》的女主角之间并无任何相似之处。虽然她也并非未曾受过爱慕。年轻时，她拒绝了一位绅士的追求，这个人性格和人缘都很好，也有社会地位，总之集各种优点于一身，但是就是无法用微妙的方式触动她的心弦。然而简·奥斯汀的确经历过一件浪漫的事，遗憾的是我了解得不太清楚，无法说清姓名、日期和地点。

在简·奥斯汀去世多年后，她的姐姐卡桑德拉被劝诱着一改往日的缄默，谈起了这件事。她说，事情发生在一个靠海的地方，她们认识了一位绅士，就她本人看来，这位绅士的外表、内心和举止都充满魅力。卡桑德拉认为这样的男子值得拥有，感觉他有可能赢得妹妹的芳心。分别之际，他表示希望能尽快再次见到她们姐妹。卡桑德拉知道他有意追求简，但是他们却再也没有见面。不久，姐妹俩便得到了他猝然离世的噩耗。我相信，若是简·奥斯汀爱过什么人，那可能就是这位无名绅士。但他们相识甚短，我无法说清楚简·奥斯汀对他的这份感情是否足以影响她一生的幸福。

在我出生后不久，奥斯汀一家很快就离开了史蒂文顿，因而我对他们的家庭生活的相关描述可能同凭空幻想差不多。毋庸置疑，如果看看那个时期的教区长和贵族家庭，会发现一些让我们感到陌生的东西，也会更多地怀念我们现在习以为常的东西。每隔百年，在财富积累、奢侈享受、高雅品位方面都会有长足进步，尤其是上世纪末以来，这种进步在房屋装修的工艺上表现得更为显著。这些变化无时无刻不在进行着，现在也是如此，只是我们没有注意到而已。沿着人生的长河顺流而下，人们很快就会忘记留在身后的那些小事。正如蒲柏所言：

生命之河难回首，

行过匆匆痕不留。

像蒸汽、瓦斯和电力这些重要发明，终将载入史册，但譬如我们的餐厅和客厅的装潢设计，哪怕变化翻天覆地，可能都不会为历史所铭记。现在谁还能记得年轻时和大家一起用餐的时候邀请彼此喝酒的风俗已经过时了？谁又还记得二十年前，侍从们还围在餐桌旁，将食物切好恭敬地奉给主人，而现在却是直接端上食物令热气熏主人的眼？记录这样的小事的确是在“记油盐账”。只是我觉得通过这些细小的回忆，能够体现社会习俗的变迁，再现当时的历史，而这些都是历史学家们最难以再次呈现的。

当时的餐桌从外观上看，远远没有今天的富丽堂皇，桌上摆的都是吃的食物，没有鲜花、水果或是装饰品，盘子也没有那么光亮照人。因为晚餐吃得早，所以不需要烛台，当时银质餐具也不普遍，所以人们都用很宽的圆头餐刀，不易切割，这意味着人们切割食物时另有其他代用品。[①]

那时的晚餐也很家常，不过也算丰盛可口。那时与现今不同，每一家的菜谱都各有特色，私房菜谱很受重视，厨艺精湛的祖母会将拿手好菜传给后人，绵延数代。

父母的美德是最大的财富。

有的人家以自制火腿为傲，有的人家则为能吃上禽肉感到自豪，还有的人家最拿手的则是上等的麦片粥或艾菊布丁。人们主要喝的是啤酒和自制的葡萄酒，尤其是蜂蜜酒。蔬菜不够丰富，种类也少。那时人们也吃土豆，但不像现在的人吃得这么多，当时人们都认为土豆

---

① 著名的花花公子布鲁梅尔出生于1771年，跟乔治四世很是亲密，甚至可以达到直接与其争论的地步。据说当他被问起父母情况的时候，他表示已经很久没跟父母联系了，但他想那对夫妻已经拿刀割破了自己的喉咙，因为他最后一次见到他们时，他们正用刀子吃着豌豆。不过布鲁梅尔的父亲很有可能出身世家，这样他才有能力将自己的儿子送入时髦的军队，并给他留了三万英镑。雷克斯认为布鲁梅尔是诺思勋爵的秘书，萨克雷则认为他不过是个仆人。不过萨克雷的话没有雷克斯的有权威，因为雷克斯与布鲁梅尔关系亲密。（参见雷克斯的回忆录，第二卷207页。）

罗伯特·雷克斯，英国慈善家，报纸出版人之子，开创了礼拜日学校。诺思勋爵，即弗雷德里克·诺斯，于1770—1782年担任英国首相。

只能跟烤肉一起吃。有一次，有一个房客的妻子到史蒂文顿文教区长邸宅做客，对她而言，土豆还是个稀奇物什。奥斯汀太太建议她也在自家院子种点，她连连摆头说：“不，不，这该是你们贵族享受的，种植土豆肯定得花不少钱吧！”

另一个更大的差别是家具，现在我们会觉得当时的家具少得可怜。那时，客厅、卧室和走廊很少铺地毯。钢琴，准确地说是小型立式钢琴或羽管键琴，不是居家必需之物，只有在酷爱音乐的人家，或是房子大得能装下台球桌的大户人家才会有。不过当时的人没有现代人这么喜欢音乐。很多人家里通常只有一张沙发，而且也是方角直棱的，非常不舒服。没有可以深深陷下去的那种舒服的椅子，也没有躺椅，只有老人或者病人才需要这种椅子。据说那时有位贵族，是乔治三世的私交，也是当时的模范绅士，他乘坐马车在欧洲旅行时，坐的椅子都是没有靠背的。

但或许最让我们感到吃惊的是，现在客厅桌子上摆放的那些漂亮的装饰物，在当时根本没有。要知道现在我们的客厅桌上可是摆满了各式雅致的小物件。要是我们到了那个时代，定是会怀念滑动式书柜、立式相框、信件测重器以及信件盒，杂志以及插图报纸，更怀念那数不胜数的相册影集。那时一张小小的写字台，摆上更小的手工箱或是缝纫匣，就是年轻女士桌上的全部了。而一些大型居家工具箱，虽常会用到，但也多收纳在橱柜里。

那时，整个国家载歌载舞，比现在热闹。那些舞会多是自发兴起，自然而然，无须过分挑剔音乐、灯光或场地。冬季许多乡镇都会每月举办舞会，某些舞会场所同时也设有茶室。宴会常以即兴舞蹈结束，人们在地毯上随着大键琴，或是乡间的小提琴手奏出的音乐翩翩起舞。这娱乐本应是属于年轻人的，但那些不再年轻的人，也乐于加入其中。简·奥斯汀也很喜欢跳舞，她笔下的大多女主人公们如同她一般热爱舞蹈。因此，她的大多数作品总会提及公开舞会或私人舞会，而这些舞会都是故事情节的关键。

那些年与舞会相关的传闻逸事现今已快被遗忘了。曾有一部极为蛮横的法律规定，同一个晚上一位女士只能和一位舞伴跳舞。当然，在简·奥斯汀参加之前，这法已经被废除了。但也必须认识到，这一习俗显然偏向于那些绅士，这令他们更便于履行绅士的职责。因为他必须在清晨拜访昨天的舞伴，只照顾一位女士肯定要方便得多。

骑马跑乡间，
奔来舞伴前，
愿其身康健。

正式的小舞步仍占据着至高无上的地位，每个舞会都以此开场。其步伐缓慢而又庄严，透露着优雅与高贵，而非俏皮嬉戏。跳小步舞须鞠躬行礼，前进、后退和滑步，应舞步精准，并配以诸多复杂的回旋动作。一男一女两位舞者，置于众人包围下，或在艳羡，或在挑剔的目光中完成舞蹈。

在早期小步舞正兴盛时，查尔斯爵士和格兰迪森女士就曾在婚礼上以这舞迎接宾客，惊艳全场。那时先生佩带宝剑，女士则手持同剑大小的扇子。十八世纪的才子约瑟夫·艾迪生说道："女人持扇，正如男人佩剑，有时更需技巧。"能否优雅地使用手中的"武器"，会被用以评判是否有教养。男士笨拙，可能会被剑绊倒，当众出丑，而女士若缺乏技巧，那手中的扇子与其说是个装饰品，不如说是个负担。但在行家手中，这种饰物却是别具一格，令人摇曳生姿。①

但并不是每个人都敢于当众展示舞姿，我曾听说，那些打算跳小步舞的女士，通常会在头上戴特别的垂饰，以示区别。关于这，还有些奇怪的说法，比如在正式表演

① 见《旁观者》第102期，关于扇子的使用。据说经历过这种风尚的老派绅士对佩剑的没落感到遗憾，因为这样使人们难以分辨哪些是上流社会人士而哪些人不是。轻松优雅地佩剑是一门艺术，就与游泳和滑雪一样，是年轻时就要习得的一门技艺。孩子们可以很早就佩带与他们身高相适应的玩具剑来练习。

简·奥斯汀时代与针线活

时，手套须保证一尘不染，不过在乡村舞会，脏点也是可以的。精明节俭的女士往往会随身携带两副手套，以应对不同场合。在十八世纪，小步舞便已过时，但在它退出舞台后很长一段时间里，男孩女孩们仍会学习以培养优雅的仪态。

人们不时会跳角笛舞、科蒂永舞和里尔舞，但夜晚的首选还是不会令人感到厌烦的乡村舞会，全民皆可参与。这种舞令人心情愉悦，却也并非没有缺点。女士们与先生们需要分列两边，相对而立，那么顾盼调情和趣味交流便大不如期许，难遂人意。谁有权站在位置前列，谁有权领第一支舞，人们往往很难就此达成一致，因而挑起了不满和嫉恨。若是前面的人草草完事，没有耐心沿着整支队伍跳，后面人的不满恐怕更是会喷薄而出。我们或许该庆幸，这些导致愤怒的源头已不再。倘若那嫉妒、敌对与不满的情绪涌入现代舞会中，其产生的原因将会更加多变且难以捉摸。

此外，我还想说一说个人习惯上的改变。众所周知，仆人做事少，主人操心多。相信大家都了解，一百来年之前，女主人们会亲自参与烹饪，不过只是参与厨技要求较高的部分，她们同时也会调制私酿，蒸馏草药制药，这些技艺几乎算得上是艺术了。女主人们也不会鄙视纺线，家中的亚麻布都是用自家纺的线织成。有些女士则爱在吃过早饭或饮茶后，亲自清洗精选的瓷器。我最早拥有的一本童话书中曾写到，绅士的女儿受到母亲教育，要在离开房间前自己整理床铺。其实并非没有仆人做事，只是她们对此感兴趣罢了。要知道，那时没有多少消遣之事是闭门享受的，即便有，也很少对女士开放。极少一部分女性热爱科学或文学，音乐也是如此，而绘画就更为鲜见。各类针线活才是她们围坐一起，谈论家长里短的首选。

年轻一代是否知晓那时的绅士们也这般亲力而为？对此我持怀疑态度，也不知我所讲的会不会令他们惊讶。我年轻时有两句常用的谚语，现在这一代怕是不知晓了，一句是“主人的眼光能养肥马”，还有一句“自己动手，丰衣足食”。有些绅士乐于亲力而为，自己打理花园，负责种植技艺。我认识的一些年轻人，穿着极为讲究，外套都是由伦敦裁缝私人定制。而他们总是晚上亲自打理晚礼服，不愿冒着沾染油污的风险，将其交给毛手毛脚的用人。要知道，那时教区长或是小乡绅的住宅，很少有用人的房间。这也难怪凯瑟琳·莫兰会拿诺桑觉寺气派的厨房同父亲教区长住宅的简陋餐具室做比较了。那时，一个年轻绅士若是出门时让仆人打包或打开行李，都会被认为是过于娇气，或者懒惰成性。

当年叔叔教我开枪打猎时，最先教我的就是怎样清理枪支。打猎当天晚上，晚饭后提灯巡视马厩，确保马匹状态良好是值得称赞的行为。这一点尤为重要，因为1820年前修剪马鬃还未被引入，打理一匹长鬃猎马，保持其干爽舒适，不仅枯燥麻烦，还费力不讨好。当然，有猎场看守人和马夫，以及大堆训练有素的仆人的人除外。因此许多绅士都亲自动手，要是承袭同样爵位的子孙们知道祖辈们曾做过这样的事情，肯定会惊诧吧！

我以个人经历或是年少时的道听途说，大致描述下当时的情景，当然，这些并不能普遍适用。不同阶层的情况各异，且随着时间推移，一切都在悄然发生着变化。少年的简·奥斯汀于史蒂文顿的家庭生活，连我自己都不能妄言究竟能描述出多少。但敢肯定的是，那时的女性并不会操心锅碗瓢盆等琐事。不过她们的生活可能与我们略有不同，或比我们印象中更平凡些。那时人们会在老式客厅缝制些有用的物件，而今这场面却不会再出现了。但这些不过是外在，他们的思想与情操同我们别无二致，或更注重于礼仪以及如何待人接物。同时，对奥斯汀家来说，追求文学也不容忽视。

我听闻过与当今习俗有所不同的两件小事。一是狩猎的清晨，年轻人通常在厨房匆匆进餐。可能是由于狩猎安排得过早，也有可能是自小养成。因他们从小狩猎，自是随性而为，凭心性选择驾马或是骑驴，再若不行，便走路上阵。我曾听人说，弗兰西斯·奥斯汀先生七岁的时候，便得到父亲同意，自费一个半基尼买了匹小马，并骑着它风光驰骋了两个季度，最后又以一个多基尼的价格卖掉。有人可能会好奇一个小孩哪里来的这么多钱，而一匹马居然才要这么点钱。我从同一个人那里还听说，他的第一件正装由母亲的晨服改制，色泽深红，正合当时潮流。若真如此，这位未来的英国海军上将，定是在猎场上大放异彩。还有件小事则是行走于泥泞马路时，需远行的姑娘们会穿上木屐。如今这防湿防脏的小玩意已鲜见踪迹，上层人士不屑于穿，只有仆人才会偶尔穿上。但在一百五十年前，木屐还为诗歌所颂扬，被认为是智慧之作。盖伊在《琐事》中将这一发明归功于神灵，神灵爱上了凡间的少女，并以少女帕蒂之名，为木屐取名为“帕滕”。

帕滕啊，护佑勤俭妇女，

得名啊，自那蓝眼帕蒂。

但凡间的少女们早已抛弃这笨重的“帕滕”。先是去掉铁圈，只留木制鞋底，而后又改良为舒适的橡胶底。橡胶底更为轻便，且更能保护足部。木屐的逐步完善绝妙地证明了事物的发展与改进，其效果完全不亚于柯珀的八十行诗，他在诗中就曾叙述了简易三角凳到“完美沙发”的转变。木屐具体有何用处，在此，我将引入简·奥斯汀的叔叔利·佩罗特先生的短诗，该诗灵感源于报纸中一则福特上校同帕滕女士结婚的讯息：

人生坎坷，木屐相陪。
愿伊此生，欢乐和美。
结缘勿毁，婚后不爽。
不愿双脚，厌弃此鞋。

简·奥斯汀在史蒂文顿时，村里的邻居们都常做一项工作，而如今这项工作已是销声匿迹，无人再尝试，故而在此提及。

十九世纪初，穷苦的女人们发现可通过纺纱赚钱。比起草编，这工作要好得多，在家中炉边便能进行，也免得东逛西逛，少了闲言碎语。纺纱的工具是一件长窄的木制器械，由支架支撑，器械一端是大轮子，另一端则是纺锤，由亚麻或羊毛松松地裹着，两端由线圈连接。一只手转轮，另一只手捻线。伸展的手臂，前伸的双足，前后摆动的身体，姿态如画，尽显劳动中女人的优雅与美丽。[①] 有些小姐也爱纺线，但画面更为安静。她们坐在刷有清漆、小巧干净的，像坦布里奇木盒的木制纺纱机旁，用脚轻踏，手边还置有一盆水，以供捻线。佃农则粗犷些，很自然地就直接将线含入口中浸湿。我记得我家便有两架这般精巧的纺纱机。

手工纺纱或许是女士从事的最古老的工作，可以追溯到原始社会。民间的歌谣和童话处处可见其身影。术语“未婚女子”有力证明了纺织曾是英格兰年轻女人们从事的日常工作。野蛮的伯爵也曾让受流放的修女们干这种活，嘴里还念叨着：“快纺纱去，贱婢们，快纺纱！”连古罗马贵妇和古希腊公主也带着侍女们一起纺纱。诸神神话中，命运三女神所纺出的线，可以丈量人的寿命。《圣经》中也曾将其歌颂：“心灵手巧的女性”“亲手纺纱，并用纺出的纱”“在荒野中搭建圣所”。一句英国谚语更是将纺纱的历史进一步回溯——“亚当觅食夏娃纺纱”。但如今，这一年

① 盖斯凯尔太太在她的《西塞维娅的爱人们》中宣称手工纺纱的优雅可以跟弹竖琴相媲美。

岁悠长的家庭工具终于消逝了，随着蒸汽动力的出现而葬送，埋没在无数纺织工厂中。仅在史蒂文顿的村舍中，我还能依稀记得它最后的挣扎。

第三章　早期作品始成型

关于简·奥斯汀的童年，我知之甚少。她的母亲按照当时习俗，曾将孩子寄养在村里的一户乳母家。在当今看来，这可能有些奇怪，但在当时却很平常。父母一人或双方可能每日都会来探望，孩子有时也会被带回住宅见父母，但要一直住在乳母家，直至孩子长到能跑会说时，才能离开。我曾认识的一个人就是这样被抚养长大的，成年后也经常同小时一般唤养母为“姆妈”。

可能那时，教区长住宅同最好的农舍的差别并不像现在这般大，教区长住宅没那么奢华，农舍也没那么简陋。从结果来看，这种寄养方式还是很积极有益的，孩子们都长得强壮而健康。

简·奥斯汀也是这样长大的。在孩童时，她就受到了良好的教导。虽然她并非多才多艺，但确实能在家中接触到有才学、有修养的人，以获得心灵上的熏陶。显然她的童年生活是欢快愉悦的，可以在父母的宠溺下，生活在一个欢乐的家庭中，结识各种志趣相投的人。相信这些快乐之源肯定激发了她最初的才能，并为她的早期创作增加了乐趣。不过她究竟是几岁开始进行写作的，我们无从知晓。但现存手稿中有些故事肯定是她孩童时期创作的，到十六岁时，她的作品数量已相当可观。

她最早创作的故事还较为浅薄，普遍构思荒诞，但荒诞中也自有一些见地。简·奥斯汀通常会郑重其事地将其题献给家中某位成员。从作品中可以看出，简·奥斯汀虽年幼，但却早已看穿当时献词盛行的浮夸之风。这些早期作品无论内容多么幼稚，但在遣词造句上总能保持语言的简练精干，避免辞藻过于华丽繁复，完全没有少年作家易犯的过度修饰的毛病。下面是她少年时期的一篇作品，简·奥斯汀常用这样的作品来取悦家人。

秘密

喜剧待续

致

乔治·奥斯汀教区长

先生，我在此谦卑地请求您赞助下面这部喜剧，虽然未完成，但我仍自诩它跟同类作品一样完整，完全是个谜。

您最谦卑的仆人，

作者

秘密，一部喜剧

人物简介

男	女
埃利奥特上校	范妮·埃利奥特
老洪博格	洪博格太太
小洪博格	及
爱德华·斯潘格勒爵士	达芙妮
及	
科里顿	

第一幕

第一场——花园

（科里顿上场）

科里顿（向观众示意安静）：嘘——我都被打断了。（科里顿退场）

老洪博格及儿子小洪博格边说话边上场。

老洪博格：这就是为什么我想你听我的，现在你相信了吗？

小洪博格：好的，爸，我会完全照您说的做。

老洪博格：那我们回家吧！（退场）

第二场——洪博格家客厅。洪博格太太和范妮正忙于活计。

洪博格太太：亲爱的，你懂了吗？

范妮：当然！夫人，您继续说。

洪博格太太：哎呀！都快讲完了，我没什么可说的了。

范妮：啊！达芙妮来了。

（达芙妮入场）

达芙妮：亲爱的洪博格太太，你好吗？噢！范妮，都结束了。

范妮：真的都结束了！

洪博格太太：听到这个消息，我感到很遗憾。

范妮：那么我就没必要……

达芙妮：确实没必要了。

洪博格太太：现在是什么情况?

达芙妮：噢，都解决了。（跟洪博格太太窃窃私语）

范妮：那是怎么决定的?

达芙妮：来，我告诉你。（跟范妮窃窃私语）

洪博格太太：那他是要……

达芙妮：来，我全部告诉你们。（与洪博格太太和范妮窃窃私语）

范妮：我现在全知道了，那我先走了。

洪博格太太和达芙妮：那我也走了。（退场）

第三场——台幕升起，爱德华·斯潘格勒爵士优雅地躺在沙发上，快要睡着了。

（埃利奥特上校入场）

埃利奥特上校：看来我的闺女不在这儿。爱德华爵士还躺在那儿呢。我该把秘密告诉他吗？不，他肯定会乱说的。不过他都睡着了，肯定听不到，那我还是冒险来告诉他。（走向爱德华爵士，在他耳边窃窃私语后，退场）

第一幕结束

剧终

对于这么早就开始创作是否适宜，在简·奥斯汀侄女的记叙中，透露了简·奥斯汀后来的看法：

> 随着我年龄的增长，姑姑对我的阅读和写作要求也更为严厉了。我很早就开始将写好的诗歌和故事交给姑姑读。如今想来还为如此烦扰她感到抱歉。她总是很和蔼，时常夸赞我，不过后来她也提醒我不要花太多时间在写作上。我清晰记得她说过，写作是一种享受，而且有益无害，即使她知道很多人并不这么认为。但她觉得在我那个年纪，花太多时间在写作上对我并不好。后来，姑姑到了温彻斯特之后，还专门就此给我寄了封信，大致是说，我应该停止写作直到十六岁以后再写；并感叹道，要是她当年在我那时的年纪再多读点书，写得更少一点就好了。

由于简·奥斯汀过世时，她这个侄女儿才十二岁。这些话语也暗示了我所提及的简·奥斯汀的作品中，至少有一部分是在十二岁之前创作的。

在这些少年习作和简·奥斯汀面世的作品之间，还有一个过渡期。这期间，她创作了一些故事，虽有一定价值，但简·奥斯汀从不认为好到可以出版。这段过渡期可以看作一个预备阶段，这时简·奥斯汀的创作风格与后来的大相径庭。这些作品不像她后来的作品那样忠实地还原现实，反而大多是戏谑作品，情节荒谬，感情夸张，用的是当时风行的传奇小说的笔法。这种写法可以在《诺桑觉寺》中找到些印记，但在接下来的作品中，她很快摒弃了这种写法。她会首先列出应当避免的错误，并在朝正确的方向开始创作之前，考虑得更多的是她不应该怎么写。

我认为她的家人拒绝出版这些早期作品是很明智的。肖特垂德先生曾陪着沃尔特·司各特在苏格兰边境上收集民谣。他曾简洁评价司各特道："他就在打造自己的风格，但直到多年之后才明白自己应当怎样创作。我敢说，他最初就只想着怎样出奇制胜，保持幽默风趣。"同样的，简·奥斯汀也在打造自己，但相比而言，方式更为谦逊。她不在意是否出名，不过她跟司各特一样醉心于"奇诡和幽默"。因此就这样将未成熟的作品呈现给读者，如同未拉开帘幕就进行表演一般，是很不公平的。

然而，史蒂文顿确实是为简·奥斯汀日后的声名卓著奠定基础的地方。她的几部最为成功的作品都是在这里写就的。那时她还如此年轻，令人不由得惊叹，为何一位女士如此年轻便能深入洞悉人性，并能如此细致入微地观察人的言行举止。有人认为《傲慢与偏见》是简·奥斯汀最为出色的作品，也许这部作品不是她最早开始创作的，却是她完成的第一部作品。在二十一岁之前，即 1796 年 10 月，她便开始创作这部作品，并于十个月后，即 1797 年 8 月完成。书名最初定为《第一印象》。完成这部作品后，简·奥斯汀于 1797 年 11 月马上开始创作《理智与情感》，也就是现在出版的版本，但这部与其早期的《埃莉诺与玛丽安》在情节和角色上有相仿之处。若是《埃莉诺和玛丽安》能保留下来，那肯定是简·奥斯汀得以面世的最早作品了。《诺桑觉寺》虽然直到 1803 年才准备出版，但早在 1798 年时简·奥斯汀便已着手创作了。

勒弗罗伊夫妇一家是奥斯汀家族最为珍视的邻居。勒弗罗伊先生是相邻教区——阿什教区的教区长，勒弗罗伊太太是埃杰顿·布里奇斯爵士的姐姐。埃杰顿·布里奇斯爵士最早记录了简·奥斯汀的相关事迹。他在自传中曾提及去阿什拜访，他写道："离勒弗罗伊家最近的就是史蒂文顿的奥斯汀一家了。我还记得那时的作家简·奥斯汀还是个孩子。她与勒弗罗伊夫人非常亲近，常受勒弗罗伊夫人的鼓励。简·奥斯汀的母亲来自利家族，简·奥斯汀母亲的祖母是第一任钱多斯公爵的妹妹。奥斯汀先生出身肯特郡，该家族的几个分支曾定居于肯特郡的威尔德地区，现在有些还在那里住着。我认识简·奥斯汀时，从未想过她是一位作家，有幸得以一睹真容，她容貌清秀、小巧端庄，脸颊略有些丰润。”

大家可能希望埃杰顿爵士能多专注于这些回忆，多描写下简·奥斯汀，但他却将心思都倾注于她的曾外祖母和先辈一族了。据记载，简·奥斯汀的曾外祖母叫玛丽·布里奇斯，是钱多斯公爵的妹妹，她于1698年在威斯敏斯特大教堂嫁给了阿德斯德若普的西奥菲勒斯·利。在她还小时，曾收到一封母亲从君士坦丁堡寄来的信，信中满是责备与劝告。信中称玛丽为“波尔”，当时玛丽和外祖母伯纳德夫人留在英格兰。这位外祖母很有钱，也很宠溺她。

我将该信转录于本书中。这份记录着两百年之前居家细节的真实材料，定是存在着有趣之处。它不仅是上层女士的居家话语范本，更包含了当时的价值观念。虽表达方式各有不同，但十七世纪的价值观念与正确行为准则与十九世纪基本是一致的。信件如下：

我亲爱的波尔：

罗伯特·塞尔表亲直到4月27号才把你的信送来，但我们还是非常高兴能收到。信中消息令人愉悦，很高兴得知我亲爱的母亲以及亲朋好友身体健康。我们殷切期盼并将向上帝祈祷，保佑大家福寿安康。我看了你写给妹妹贝蒂的信，深感我的母亲，你的外祖母如此慈爱，省出钱来供你过上优裕的生活。她给你那么多钱，而不是像往常一样把钱存起来增加自己的收入。在此我不禁赞颂她的美德，你一定要记得感恩，好好孝敬她，这辈子无论何时都要毕恭毕敬，服从她的所有要求。你要知道是你的外祖母以无法衡量的极大慷慨与慈爱，令你在这世上过得这般滋润。你也要认识到，外祖母对你的付出并非理所应当，这一辈子你都要时刻警醒着自己，要以同样的关怀回报她。这是你补偿她的最好方式。

我虽然很难过，但是波尔，我还是不得不批评你，因为你给妹妹的信太过洋洋自得。信中，谈到你的零花钱时，你说你“打算自力更生”，这我不是不赞成。但你手头如此宽裕，如果那份零花钱还不够挥霍，这就需引以为耻了。而令你决意如此的理由我亦是无法接受，你说“不能肆意花销”，因为给你这份钱不是让你乱花的，你觉得要是自己养活自己就可以想怎么花就怎么花。所以不是你自制力好，而是因为外祖母考虑得当，你才得以不那么奢靡。你认为是外祖母贪心，才扣减你的零花钱。但在我看来，你若真认为存钱不花是罪恶的，那你背负的罪恶和羞愧更应十倍于这种想法。这笔大额零花钱本应是做救急之用。

孩子，这一辈子我们能看到开场，可又有谁能预料到结局呢？希望你能对这笔财富量入为出，以备将来不时之需。年轻女性思虑周全、勤俭持家，才是广受赞誉的。你母亲我无论是待字闺中还是嫁作人妻，一年都未曾有花费超过四十英镑。如果你不能和我一样，受到他人赞许，就没资格抱怨。要知道你现在比起我当时，命可好多了。另外，你还要认识到，自己有七个兄弟姐妹，一个人不可能得到所有偏爱。此外，也不要认为你父亲有能力给每个孩子一年四十英镑。要是真给这么多再加上日常花销，那一年至少需要五百英镑了，这不是你可怜的父亲能承担得了的。

另外，你说为什么你其他的姐妹不能像你一样有自己的侍女，想象一下，当你和外祖母来时，家中有不少于七个侍女服侍，那该是多可笑！你还怎么问得出口，尽管你能拿出自己的钱雇请侍女，但你却从未想过把多余的钱用来补贴父亲的开销。要不是你出于骄傲有自己的侍女，你外祖母的侍女照样可以服侍你。选择侍女服侍是你自己的事，但要在你长大后决定。你是长大了，却长成了一个上帝不容的傻瓜！

波尔，你住的地方虽然应有尽有、富丽堂皇，但是千万不要迷失其中。你需要美化的是你的灵魂，而不是外表。我不是反对你穿得整洁体面，作为你父亲的女儿应当打扮得体。我反对的是你衣着过于追求奢侈时尚，这并不适合你，你应当修养品德来赢得他人青睐，令那些投机取巧的男人们知道，他们高攀不上远比他们优秀、富有的女人，这才是明智的花钱方式。想想吧！若是陌生人拜访我们家，你的外祖母、你的母亲还有你的姐妹们都穿得简单朴素，而你却穿得俗不可耐，像个洋娃娃，这不怪异吗？你知道那些心态不能平衡、举止不合时宜，还到处去炫耀自己的都是些什么人！你也能想象你给姐妹寄如此敏感的信可能造成的后果，这只能是令她们嫉妒你，或私下抱怨父母！

我必须告诉你，你的姐妹中没有一个人每年从我们手中拿到哪怕二十英镑。但她们的衣着并没有寒碜自己，也没有寒碜父母，也不会令那些庸俗贪婪之辈肆意品评，要知道那些人就会炫耀财富并以此为荣。我希望你作为长姐，要树立好榜样，不要让姐妹埋怨她们慈爱的祖母和可怜的母亲。就这一点，我一半都还没讲完，但我相信你是个有责任心的好孩子。或许，可能是我想多了，但从伴我走过的风风雨雨看来，我不得不深思熟虑，防患于未然。

我的孩子，我希望你能谨记我真情实意的忠告并照此行事。虽然我说话直接，但我不愿你质疑我对你的爱，我打心底里爱着你，不亚于我的任何一个孩子。只要你能多做善事，我定会像你期盼的，对你宠爱有加。你知道我写下这些，别无所求，只愿你能日趋向善、学业有成、日日安好。

致我亲爱的波尔，

深爱你的母亲，

伊丽莎·钱多斯

1686 年 5 月 6 日

写于佩拉加拉塔

附言：你的父亲同我为你祈福，兄弟姐妹向你致以问候。请向我的兄弟姐妹及他们的孩子还有我所有亲爱的表亲们，送上诚挚的关心。你若是见到沃斯特夫人和奥兰斯表亲，请代我献上恭敬的问候。

从这封信可以看出通过贸易积累的大量财富，使得商人生活阔绰优越，这正与一些贵族的窘迫境况形成了鲜明对比。玛丽·布里奇斯的“可怜父亲”是英王派驻君士坦丁堡的大使，但是其手头拮据，不得不节俭度日。玛丽的外祖母则是一位土耳其商人的遗孀，生活“富贵尊荣”。看来那时和现在一样，拥有社会地位便能吸引财富和追捧。

简·奥斯汀在阿什还与另外一位勒弗罗伊家族的成员相熟。在我整理回忆录的几个月前，他还在世。他就是托马斯·勒弗罗伊阁下，曾任爱尔兰首席大法官。这要追溯到七十多年前，两个年轻人相互结识并一度非常亲密，之后便风流云散，此生再未相见。二人都注定在不同的道路上功成名遂，只是一位比另一位多活了五十多年。托马斯先生直至皓首苍颜，仍对昔日的伙伴念念不忘，还常提到她令人仰慕，认识的人都无法将她忘怀。

勒弗罗伊太太非常优秀。她是世上少见的集和善、聪慧、高贵和温文尔雅于一身的人。无论在任何社交圈子，她都能光彩出众，卓尔不群。热情的她尤其能吸引聪明活泼的小姑娘。她在 1804 年 12 月 16 日，简·奥斯汀生日的那天，死于坠马。在她四周年忌日时，简·奥斯汀为她写下了悼念语，那时简·奥斯汀三十三岁。简·奥斯汀写下了下面这首诗悼念故友，我引出这首诗，并不是因为它作为诗歌有多么优异，而是想呈现这位忘年之交的老友给简·奥斯汀带来的深刻而又长久的影响。

纪念勒弗罗伊女士

1.

又来了，我出生的这一天。

心中五味杂陈！

我亲爱的好友，四年已过，这时分，

你逝去，如一抹埃尘。

2.

今日，我生辰的纪念日，

昔年今日，赐我生命，希望与晨曦，

某年今日，你却挥手离世，

噢！如此痛苦，过往时。

3.

你如天使，我该怎样将你颂扬？

著书难颂你的才智、性情与思想。

你身价无量，遍胜群芳，

挚友，你为人类增光，美名远扬。

4.

来啊，幻想，请将我沉溺，

与你相比，希望令我沮丧，如此冰冷，凄厉，

只愿你赐我一时，

回忆她旧时模样。

5.

我见她笑意盈盈，
饱含深情，声音如铃，
那脸，那声，圣不可侵，
神情祥和，如当时年轻。

6.

听啊，不只声音，还有她的意识，
她的才华、品位、灵魂中的敏锐，
温暖真挚的心灵，毫无虚饰，
她的纯洁冠压世纪。

7.

她红唇一启，便是能言善辩，遣词优雅，
这话语如此打动人，恰到好处。
为惩罚求情，令错误宽恕，
但她只为美德辩护。

8.

她的灵魂是真诚之源，
她的信仰，无须饰掩。
追求安慰、治疗、开导和勉励，
给予欢乐，驱散苦难。

9.

她的好还能增添？当然，

那就是早年间她对我的爱的偏袒。

请令一切圆满：

啊！请让我再看一眼，

她的笑颜，那消失的场面。

10.

时过境迁，再不相见，

墓旁的幻象如此短暂。

哦！愿我能有这般福分，

为遇你，天使，在天国之门。

11.

我将多么欣喜，与你重聚，

欣喜得到这美丽的神谕。

在今日，我们相遇，

请容我软弱一次。理智，就宽恕这一次。

对情感强烈、想象丰富的年轻人来说，离开最初生活的家是一种巨大的悲伤。简·奥斯汀的父亲当时已到七十岁，他决定辞职由继承人大儿子担任史蒂文顿的教区长，并举家迁往巴斯。简·奥斯汀得知此事，内心极为难过。父亲做这个决定时，简·奥斯汀并不在家。而且她的父亲做事果断、言出必行，并未容得简·奥斯汀稍微适应此等变化。

偶尔有人希望能出版简·奥斯汀的一些信件。因此，本书将会给出一些完整信件及诸多节选，但请读者不要希冀过多。考虑到原文用语已足够准确，而且风格简洁明了、生动活泼，通篇都闪烁着幽默之光，因此这里收录的信件只字未改。但是，相比文字而言，信的内容则相形见绌了，因为写到的都只与琐碎的居家生活相关，没有就政治或是公共事件发表看法，也极少讨论文学或其他大众焦点。这些信就像小鸟用唾手可得的材料筑起的巢，顺便从筑巢的树上摘取细枝、苔藓，是以最为简单的材料筑造而成的。

她的信件很少标注日期，或写下全名。但写信的日期通过邮戳或信的内容很容易确定。

以下两封信是我见到的最早的两封。这两封信均写于1800年11月，简·奥斯汀离开史蒂文顿之前，它们都提到了搬家这件事。

第一封是写给姐姐卡桑德拉的，她当时正和她们的弟弟爱德华留在肯特郡的高德默厦庄园。

史蒂文顿，11 月 8 日，星期六晚

亲爱的卡桑德拉：

很高兴你这么快回复我的上两封信。特别感谢你说起夏洛特·格雷厄姆和她表亲哈丽雅特·贝利的趣事，我和母亲都被逗乐了。要是你还知道更有趣的事儿，一定要告诉我。我有两个消息要告诉你，先说完它们，剩下的就可以写我自己啦。玛丽之前还心心念念给你写信，要盖上邱特先生的印戳，但她现在怕已把这事抛到九霄云外了，不过她会很快给你写的。另外，父亲希望爱德华能寄一份啤酒花价格清单来。

桌子送来了，大致还是令人满意的。我本就不指望它能让我们仨都满意，也没指望大家就桌子该怎么摆放达成一致意见。我只盼着桌面光滑点儿。边上两桌刚好拼作一桌，可稳稳当当放置任何东西。中间那张桌面上覆着一块玻璃，特别宽敞，也很自然。三个桌面都覆有绿色的毛呢，非常可爱。彭布罗克桌也归置在餐具柜旁，妈妈很高兴终于能把钱和文件锁起来了。之前那张小桌子被移到了主卧室。我们现在就差一个碗碟柜了，因为还没做好，也就没送来。这事儿说得差不多了，我再说说另外一件。这事儿可不像其他的，性质完全不一样。厄尔·哈伍德又给家里招惹麻烦了，惹得邻里议论纷纷。但这次他就只是倒霉，倒也并没什么过错。

大约十天前，厄尔·哈伍德在马尔考的警卫室摆弄手枪，一不小心把大腿射中了。岛内两位年轻的苏格兰医生都委婉地建议他立刻截肢，他当然不答应。考虑到伤情，大家用快艇将他送往戈斯波特的哈斯勒医院。现在他腿中的子弹已经被取出，只愿他顺利恢复。医院的外科医生写信将此事告诉他的家人。约翰·哈伍德立马就动身去看他了。为了尽快给哈伍德夫妇带回新消息，哥哥詹姆斯[①]也陪着去了。

哈伍德夫妇都心急如焚，尤其是哈伍德太太，已经濒临崩溃。他们周二出发，而詹姆斯周三就回来了。还好消息令人宽心，也大大舒缓了迪恩一家的焦虑。虽然哈伍德太太可能还要过一阵儿才能安心。最令他们放宽心的就是此事确属意外，不仅厄尔本人这么说，从弹片射入的非自然角度也能看出，这种伤口不可能是在打斗中产生的。现在厄尔状态还算稳定，但医生并未宣布他彻底脱离危险[②]。

还有一天希斯科特先生在打猎时，也出了件

① 詹姆斯·奥斯汀，简·奥斯汀的长兄。

② 这条腿最后保住了。

绅士们常见的小意外。他下马后，牵马经过篱笆或是房子，还是其他什么时，马在匆忙中踩到了他的腿，也可能是脚踝，到现在还不确定骨头有没有断。

玛莎还接受了玛丽的邀请，参加朴茨茅斯勋爵的舞会。勋爵本人并没发出邀请，但不要紧。玛莎会去参加，而舞会也要开始了。不过玛莎的妈妈不在家，我现在和她一起回去还太早。

周日晚——今早我们遇到了可怕的风暴，周围的树都遭了灾。当时我正一个人待在客厅，一阵怪异的轰隆声吓坏了我，没过一会儿它又来了！然后我跑去关窗，正好看到我们最宝贝的两棵榆树中的后面那棵居然被刮倒了！而另一棵，我觉得是在第一次轰响声中倒下的。这棵离池塘最近，朝东倒进了板栗和冷杉林中，撞倒了一棵云杉，砸坏了另一棵的树尖，连带着角落的两棵板栗树的树枝也被扯掉了。这还不算完，我老说的榆树小道，就是进门那里，有两棵大榆树，左边那棵也被刮倒了。插着风向标的五朔节花柱也断成了两段。令我感到最难过的是门厅草地前的那三棵榆树，我们装点得那么好看，结果全被毁了。其中两棵被吹倒在地，另一个被吹得都立不起了。但是，值得高兴的是，除了这些树遭殃外，没其他的坏消息了，邻里也是如此。大家虽然难过，但仍感欣慰。

你永远的，

J.A

下面的这封信写于上面那封信的四天后，是寄给密友劳埃德女士的。她的姐姐（我母亲）嫁给了简·奥斯汀的大哥：

史蒂文顿，11 月 12 日，星期三晚上

亲爱的玛莎：

直到昨天夏洛特离开迪恩后，我才收到你的便条。不然就让她带口信，而不是现在写信给你了。不过听说你去赫斯特伯恩的舞会准备穿才三便士的新裙子。这也太有失风范了。很高兴听到你盼望着尽快在伊索埔与我相遇，我也非常想与你见面。在这一点上，我们情感和思念同样浓烈，只是我们都有些克制。为了赞誉我们这种美德，我本该写篇颂词，不过现在需说些日常琐事。再过两周我们就可以相见了，为什么我不提前去，主要有两点原因。

我打算在你母亲回来后再去拜访，这样我们就可以共处一段时间了。首先，我也很想见到她；其

次，我也更好带你同我一起回来。你的意志不太坚定，但只要你不反悔，我们会尽量一起商量打消你多余的顾虑。我们可以就此事详谈，不过在我来之前，我们可能就已经被这个问题弄烦了。19日舞会的请柬到了，不过措辞令人感到特别好奇。[1]玛丽昨天已向你提了可怜的厄尔遭遇的不幸了。我想说，他近况并不是很好。从最近的两三封信来看，更是每况愈下。

约翰·哈伍德今天又去戈斯波特了。我们这两家朋友现在都十分焦虑。虽然从凯瑟琳今早的便签看来，曼尼唐的人们又燃起了希望，但这希望能持续多久还很令人怀疑。不过希斯科特先生[2]，他摔断的小块腿骨恢复得倒还不错。让我同时关心三个人还真是让人吃不消。

之前你让我带书，这让我特别烦恼。我实在是想不出要带什么书，也没想过我们为什么需要书。

---

① 舞会的请柬，跳舞穿的裙子，以及这封信和后面一封信中提到的其他事情，都是指赫斯特伯恩庄园一年一度为纪念朴茨茅斯伯爵的第一段婚姻而举办的舞会。朴茨茅斯爵士就是后来因行为古怪而变得声名狼藉的那位大人，另外这些邀请函和舞会的安排也都很古怪。

② 这里指赫斯利的威廉·希斯科特爵士的父亲，威廉·希斯科特爵士娶了曼尼唐的比格·威瑟先生的一个女儿，就住在附近。

我找你是来聊天的，不是读书或者听人读书的，这些我在家里都可以做。其实我现在就积攒了诸多有趣的谈资，到和你聊天时自会悉数吐露给你。我正在读亨利的《英格兰历史》，我会用你喜欢的方式复述，或以放松、随意的风格，或像作者那样，把故事分以七个部分：平民和军事，宗教，宪法，教育和学者，人文与科学，商业、货币与运输，风俗习惯。这样一来，一周七天的每个夜晚都会有不同的主题。周五的主题是商业、货币与运输，内容特别多，也可能是最没趣儿的。但周六晚上的就有趣得多。有我做的这些充足准备，如果你能再念叨念叨法文语法，司登得太太[①]不时还会冒些杂七杂八的奇闻趣事来，这样还需再奢求些什么呢？不久再会！

我们因爱相连，永不分离。

你最爱的

J.A

接下来两封信写于1801年年初，应当是在奥斯汀一家决定离开史蒂文顿后，搬家之前写就的。这两封信提到

① 一位非常无趣的老妇人，当时跟劳埃德太太住一起。

了两位在海上的兄弟，透露出焦躁和担忧的心情，而在和平时期或在有蒸汽船和电报的日子里，两姐妹很少流露这种情绪。那时的船只常因逆风不能前行，或停止，或远偏离于航道；有时还要因保密任务临时接收命令改变行程，更不用提与战斗力高的战舰偶尔发生冲撞了，这在特拉法尔加战之前也不是不可能。家人们很难收到兄弟俩在海上的讯息，得到的消息也常是靠道听途说，或是偶然得来，因此，哪怕是有丁点儿消息都会显得弥足珍贵。

我亲爱的卡桑德拉：

我本不想这么快就给你写信，但是查尔斯寄给我的信到了。信是在上周六出航前写的，博伊尔上校乘坐“恩底弥翁号”从里斯本回来，在去米德汉姆的路上，顺道将信带到了波帕姆港口。我现在复述一下查尔斯对弗兰克动向的猜测：“他（查尔斯）最近没有看到我兄弟（弗兰克），也没有指望他会回来。他（查尔斯）前往罗德岛时，遇到了英格利斯上校，上校刚好要去替弗兰克指挥‘海燕’号。但弗兰克可能不到两周就能回来，他多半会搭乘拉尔夫·阿伯克龙比爵士前往英国送急件的船只。”这事儿显得博伊尔上校多么神奇。“恩底弥翁号”至今还未缴获任何战利品。查尔斯在里斯本愉快地度过了三天。

船员们都很满意这位皇室乘客[1]，觉得他活泼而亲切友善。他在谈到奥古斯塔伯爵小姐时，像是把她当成了妻子，十分痴迷。

写这封信的时候，“恩底弥翁号”因无风已停止驶进了。但查尔斯有望在周一或周二到达朴茨茅斯。在离开英国之前，他收到了我的信，知道了我们的计划。虽然很吃惊，但他还是勉为其难地同意了，并希望在我们还在史蒂文顿的时候，再赶回来一趟。

下面这部分节选自同年写的另一封信：

查尔斯因截获私掠船获得了三十英镑，另外还指望再多得十英镑。但要是这些奖励都用来给姐姐们买礼物了，这对他又有什么帮助呢？他给我们买了金链子，还买了黄晶做的十字架，真是该挨骂了。“恩底弥翁号”已收到命令将军队送往埃及，我很讨厌这个任务。我一直认为查尔斯在航行前能

① 指塞萨克斯公爵，乔治三世的儿子，后未经王室允许就和奥古斯塔·莫里小姐订婚了。

想办法调离这条船呢。查尔斯说他也不知道下个目的地在哪里，但希望我尽快给他写信，因为“恩底弥翁号”可能三四天内就要出发了。他应该收到了我昨天写给他的信，我会赶着这趟邮车再给他写封感谢信，顺带责备一下他。并告知他我们虽然非常难过，但一切都好。

第四章　居所变迁身簸颠

奥斯汀全家在 1801 年春搬到了巴斯，他们最初定居在悉尼联排四号公寓，而后又迁往格林公园大厦。我不清楚是不是因为简·奥斯汀的母亲唯一的哥哥利·佩罗特常年居住于此，他们才会来巴斯。佩罗特这姓氏，以及牛津郡诺斯利的一小块房产，都是她哥哥从舅舅那儿继承来的。对佩罗特家族这一古老的分支，尤须着些笔墨，这一脉如今已后继无人。而简·奥斯汀的曾外祖母——简·佩罗特就是这一脉的最后一人，后来嫁给了一位名叫沃克的先生，简·奥斯汀受洗时的教名就是随她取的。

佩罗特一族早在十三世纪就定居在了彭布罗克郡。他们可能奉金雀花王朝国王之命迁居于此，一是为通过米尔福德港与爱尔兰保持往来，二则是为威慑威尔士，可谓是一箭双雕，该家族因此得名“威尔士之上的英格兰”。佩罗特家族中的一员似乎异常热衷于威慑威尔士这一任务，表现得尤为骁勇善战。据记载，他杀死了威尔士凯梅斯地区二十六个人和一匹狼。将这两种杀戮相提并论，而且数量相差还如此悬殊，实在引人注目，恐怕是由于当时的狼已被捕杀得寥寥无几，因而杀狼远比杀人更为罕见，更值得称颂。该家族最后一人死于1778年，财产分别由利和马斯格雷夫两个家族继承，而马斯格雷夫家族则继承了大部分。利·佩罗特先生拆了庄园住宅，并将土地卖给了马尔堡公爵。现今，佩罗特这一姓氏已只能在诺斯利教堂的某些纪念碑上才能找到。

早年间利家族拥有爵位的那一系后继无人，因而利·佩罗特先生和其他表亲对利家在沃里克郡的斯通利的地产都享有继承权，但是他在活着的时候就已经放弃了这一权利。利·佩罗特先生娶了林肯郡的蒙塔古·乔姆利爵士的侄女。他本人天赋异禀，显然与其伯父——牛津大学贝利奥尔学院院长的聪慧与幽默一脉相承。他曾写过许多名言警句，有些还得以出版了，尽管并未署名。但他悠闲自在，与世无争，常年往返于巴斯和伯克郡斯嘉勒茨的居所。简·奥斯汀在巴斯写的信件中就常提到这位舅舅和他的妻子。

简·奥斯汀未完成的作品《沃森一家》，多半就是简·奥斯汀居住在巴斯时写成的。1804 年秋，简·奥斯汀在莱姆待了几周，尤其对科布长堤十分熟悉，后来她以那时的记忆为灵感，在《劝导》中设计了路易莎·莫斯格罗夫意外摔伤的情节。1805 年 2 月，简·奥斯汀的父亲逝世于巴斯，并葬于沃尔科特区教堂。其遗孀奥斯汀太太带着女儿们租住于临时住所数月，然后迁至南安普敦。她在巴斯居住的四年生活状况如何，只能从她寄给姐姐的三封信中推断，其中一封寄自莱姆，其余两封寄自巴斯。从信中可以看出，她很适应于平淡的社交活动，主要就是和女士们打打交道。她的双眼总是能捕捉到身边每个人的最细微的特点。

以下节选自简·奥斯汀寄给姐姐的信件。

莱姆，（1804 年）9 月 14 日，星期五

我亲爱的卡桑德拉：

我特地拿出上好的条纹纸，第一张就用来感谢你从韦茅斯的来信，希望在我写这信时，你已在伊索埔了。好希望你昨晚就能到伊索埔，这样周三就可以到布兰德福德了。你的来信最让我感到惊讶的就是，那个镇子居然没有冰！对令你烦心之事，我也略有耳闻，尤其是克劳福德先生告诉我，周二你到得太晚了，以至于没赶

上“皇家号”，这太闹心了。但说到韦茅斯居然没有冰，这事更让我意外。希望你昨天在安多弗就已经收到了我的信，现在过去了几个小时，希望你所为我担心的，就像往常那些烦恼一般烟消云散了。

我现在身体还不错，今早还洗了海水浴。我确实有点发烧，身体略微抱恙，要知道这周以来，莱姆的人们一直都这样，我又怎么能漏掉呢。我们已基本算安定下来了，如你所愿，一切如常。仆人们也很恭顺，不存在什么难处。但仍有不方便之处，房间里的家具极其脏乱不堪，还有居民们都蓬头垢面的，最不方便的就是家务间。我已经尽力顶替你的角色，努力帮忙归置物品。只要一发现水壶里有灰尘，我都会立即指出来，就像你在这儿一样统领有序。

昨天的舞会令人愉快，尽管是星期四，人到得有点少。爸爸称心快意地待到晚上九点半（我们八点多过来的），就和詹姆斯提着灯走回家了。那时皓月当空，我觉得他们应该没点灯。但有时带着提灯，对他来说也很方便。妈妈和我又多待了一个小时。没人邀我跳头两支舞，接下来两支我是与克劳福德先生跳的，要是我再多待会儿，可能会和格兰维尔先生跳舞。他是格兰维尔夫人的儿子，是由我的好友 A 小姐介绍认识的。不然就可能是与一个新来的长相奇怪的男人跳，他不时会瞟我一眼，最后还不自我介绍一下就邀我跳舞。

看他那么随性，肯定是个爱尔兰人。我将他想象成是尊贵的巴恩韦尔家的一员。他们是爱尔兰子爵的儿子和儿媳，相貌古怪异常，与莱姆地区的风格相配。我昨天一早拜访了 A 小姐（准确说来难道不应当叫昨早吗？）并被介绍给她父母。就像其他年轻女士一样，A 小姐比父母更有教养。我去拜访时，A 夫人就一直在那里缝一对长袜。但千万别在家里说这些，这一提说不定自寻烦恼，反令她成了家里的学习榜样。后来我们在科布长堤上散了一个小时的步。一路上，A 小姐很健谈，不过我不太认为她有多聪慧，但她的确有一定思想和品位，礼仪也十分周到，只是似乎她也太容易喜欢上别人了些。

爱你的，

J.A

简·奥斯汀写给在伊索埔的姐姐卡桑德拉的信，提到了伊索埔的劳埃德夫人突然离世：

（巴斯）盖伊街25号，1805年4月8日，星期一

我亲爱的卡桑德拉：

我来和你说说今天的天气。巴斯或伊索埔是否也遇到过4月8日这样的天气呢？三月与四月交织在一起，阳光明媚与暖意融融相交汇。我们需做的就只是出去散散步。要是条件允许，真希望你也能享受一下这里的天气。我敢说你肯定会觉得天气不错，换了个好地方。我们昨晚又出去了。我昨天在皇家新月路遇到了欧文小姐，她邀请我们共同喝茶。但我委婉拒绝了，因为不清楚妈妈是否愿意这么快又再次拜访人家。但我把这事告诉妈妈时，才发现她很乐意去。于是我们从八角教堂出来，步行去了兰斯当。

今早我们去观看张伯伦小姐在马背上的表演，她的表演如此引人注目！七年零四个月前，还是在这家骑马学校，我们也曾观看勒弗罗伊小姐的骑马表演[①]。现在已是物是人非。但我想，七年也已足以令世事变化如沧海桑田，人们的每寸皮肤和心中感念也均已不似当年了。昨天我们在皇家

① 这说明简·奥斯汀在1801年搬到巴斯之前就对那里很熟悉了。

新月路并未走很远。那儿天气炎热，人也稀疏。于是我们去了广场，再一次同S.T.先生以及S小姐[①]擦肩而过。我未曾看到她的脸，但她的衣着和气场并不像布朗一家所说的那般别致时髦。相反，她的着装并不时髦，相貌也是平平。欧文小姐说她基本一句话都没讲过。可怜的人，恐怕她是苦行禁言的修女吧！那位超群出众的库尔萨德夫人也来访过了，不过那时妈妈出去了，她以为我也不在。我很是尊敬她，觉得她为人和善。布朗一家也来过了，我在桌子上看到了他们留下的名帖。

“伏兵号”于3月9日抵达直布罗陀，报纸上说一切顺利。我们至今还未收到什么信件，但明天应该能收到爱德华的来信，你的估计随后就到。现在爱德华他们待在高德默厦该有多开心啊！要是能收到来自伊索埔的信，我肯定会更为高兴，这样我就能知道你们现在过得怎样，尤其是你过得如何。这天气真适合詹·奥斯汀太太去斯佩恩，希望她拜访愉快。我也期待你从洗礼晚餐会回来时，能给我们讲一番，虽然可能你最后还是会免不了被邓达斯小姐缠着。

---

① 这位先生和这位小姐后来订婚了。

星期二——我昨晚收到了你的来信，希望下一封能告知我所有事情都结束了。但我禁不住想，劳埃德夫人能奋起而活、恢复健康就好了。可怜的女人，希望她能与我们经历的那次永别一样，走得平和安详。我相信会的。如果她离世的话，或许不会再遭罪了。可能你写这信的时候，她都已失去意识了。在这封信和上封信中，我这般胡言乱语，可能会不合时宜，但我不在乎；这不会有损于你，也不会伤害到其他人。

我由衷地感到欣慰，你能这么轻松地谈及你的健康状况和气色，尽管我不太同意你说自己越发靓丽动人了。难道去趟五十英里的地方，效果就能如此立竿见影吗？你在这边时气色就不太好，每个人都看得出来。或许因为驿马车内暗藏魔法？就算有，也怕是会被克莱文太太的马车颠簸去了。你费尽心思给玛丽挑选的帽子，她非常喜欢，在此十分感谢。但是我猜，可能现在这礼物也没什么实用性。她母亲过世了的话，她也不会离开伊索埔了吧？现在你应当是玛莎最需倚靠的肩膀，这样看来，要是你能前去拜访，那真是雪中送炭。

星期四——昨天我未能写完，我所有的精力和时间都用来给查尔斯和亨利写信了。母亲在报纸上看到“乌拉妮娅号”在朴茨茅斯等待集合，前往哈利法克斯，所以让我写信告诉查尔斯。这消息太好了，离你写“卡米拉号”时才不过三个星期，我们就又有了新消息。我给亨利写信是因为我收到他的来信，在信上他说期盼我尽早回信。那封信情深意切、十分感人，还有些搞笑。搞笑对他来说可能不太好，但这真是与生俱来的，他没办法不好玩。爱德华还给他的计划给了些暗示，亨利提议我们在海边相聚。要是计划真的能够实行，还会有比这更称心如意、令人兴奋的吗？他还十分动情地讲到了我们去年夏天在莱姆海滨漫步的情景。

你永远的，

J.A

下面一封信仍是写给卡桑德拉的：

盖伊街，（1805 年）4 月 21 日，星期日晚

我亲爱的卡桑德拉：

太感谢你这么快就给我回信了，昨天能收到你的来信真是意外惊喜。可怜的斯登得太太，这就是她的命！但我们应当心怀怜悯，或许哪天我们就成了下一个斯登得太太，不会为人处世，也

不受待见。我早上计划同库克一家在一起。我们一行人有乔治和玛丽，一位L先生，一位B小姐（她曾与我们一起听过音乐会），还有最年轻的W小姐（不过不是茱莉娅，而是玛丽）。我们不能指望朱莉娅了，她病得很重。玛丽·W现在真是长大了，面色很好，她披了件平纹细布的格子披肩。这里面我还没明点出我自己，但自然有我参加。还有乔治表兄人特别好，间歇时会和我谈些有深度的内容。但从头至尾，他都更兴致勃勃地同B女士逗乐，说些蠢话。B女士年华正好，容貌漂亮，待人也是亲切和蔼，她说话精辟且见解独到，这不禁令我想起了老相识L.L。

不过，他俩的谈话都充斥了一大堆愚蠢的嘲弄之词以及通篇的胡说八道，毫无意趣可言。唯一能称得上有见解或有内涵的言辞都出自我的表兄乔治。总之我很喜欢他。而B先生就只是个头高大的年轻人而已。我晚上打算与A小姐共同散步，前一天她来拜访，还委婉地抱怨我，自她到巴斯以来，或者起码是最近，我对她的态度跟以前大为不同。我真不该如此，我该注意到的，我的态度确实太差了！她如此人情练达、通晓情理，我很快就理解了她，还与她散步以表心意。她很讨人喜欢，我也很喜欢她。她那么想有个伴儿，不管哪个熟人对她来说都很重要，只要这个人是差不多可以忍受的，就可以得到她的重视，这也是她吸引我的另一点。

我会尽力适当地与他人保持亲密以避免摩擦。周旋于这么多朋友之中，能不惹些事端才好。现在布拉什福德小姐又来了，要是布勒一家也留下的话，我就难以顾暇了。要是我告知你，我今早拜访了一位伯爵夫人，你肯定会立马猜是罗登夫人。可惜猜错了，其实是利文夫人，也就是巴尔戈尼阁下的母亲。我们从麦凯家得知利文伯爵同伯爵夫人有意邀请我们做客，就想着应当去拜访一下。希望我们不要显得太过殷勤，但他们毕竟是查尔斯的朋友和仰慕者，须加以重视。他们看起来很讲道理，心地善良且有教养，对查尔斯也是赞赏有加。[①]

我们最初被带进一间空客厅，不久后伯爵大人就进来了。他并不知我们是何人，为仆人的过错向我们道歉，还亲口谎称伯爵夫人不在。他是

---

① 时任“恩底弥翁号”上尉的查尔斯·奥斯汀，似乎曾有机会照顾利文伯爵家的某个成员。

个高大的男人，很有绅士风度，戴着眼镜，耳朵有些背。和他坐了十来分钟后我们就走了。但当我们自餐厅门口经过时，利文伯爵夫人走了出来。我们便同她一道回去，再次拜访。她体形富态，面容清秀，我们有幸听到她对查尔斯的夸赞，说了还不止两次。他们十分感激查尔斯，并对他赞誉有加，还希望等巴尔戈尼阁下身体完全恢复了，就与查尔斯一同出海。在那里，我们还遇到了年轻漂亮的玛丽安娜小姐，同她握了手，还问她是否记得奥斯汀先生……

下一次我还应该给查尔斯写信了，除非你也想给他写的话。

如你愿意，请相信我，

爱你的妹妹

上一封信中，简·奥斯汀并未高估这位“乔治表兄”，他的见识与智慧同其他人相比，堪为翘楚。他就是教区长乔治·利·库克，不仅在牛津享有盛誉，同时也身居要职，所教授的学生也都是青出于蓝。作为基督圣体学院的导师，他桃李满天下，不少学生都是那个时期的人中龙凤，其中就有阿诺德博士、约翰·基布尔教区长，还有约翰·科尔里奇博士。在基布尔教区长自己的回忆录中，以及斯坦利主教所著《阿诺德传》中收录的一封信件内，基布尔教区长都饱含深情地提到了这位导师。库克先生也是一位虔诚的布道者，他的宣教总使人醍醐灌顶。我记得我的一些大学朋友们就曾说过，接受乔治·库克的平凡布道比听大学讲坛上的激昂雄辩更让人受益匪浅。他还常任学校的主考人，并从1810年到1853年持续担任“自然哲学的塞德利教授”一职。

1805年年末之前，奥斯汀一家人搬到了南安普敦，定居在城堡广场一隅的一幢宽敞的老式住宅中。

在南安普敦的这四年中，我未找到姑姑的任何信件，也无其他相关记录。而我也是现在才不断了解姑姑并愈加缅怀她，当时的我年纪尚小，远不能洞悉她的个性或评价她的才华。因而对此段时间，我无法更多地描述姑姑。但是对于当时南安普敦的当地风貌，我仍记忆尤深，而这些事物虽已消逝多年，却也值得着墨记录一番。那时祖母的房子带有一个迷人的花园，花园一侧紧贴老城墙。城墙顶端极为宽阔，足够让人在上面散步，且视野辽阔，就是女士也能轻松爬上去。这墙定是见证过阿让库尔战役之前的亨利五世登船，也见证了亨利五世发现剑桥伯爵、斯克鲁普勋爵以及托马斯·葛雷爵士的叛变行迹。而这些都在莎士比亚戏剧《亨利五世》的合唱中展现得淋漓尽致。民众们目睹：

国王一身戎装，在汉普顿码头，
登上了御船。

在南安普敦镇的史料中，有一份详尽可信的记录，就是当时写下的，记录了亨利五世出征法国之前，在该镇附近安营扎寨。值得一提的是，当时军队驻扎在一片平坦低洼的平原上，现已完全为海水所淹没，被称为西港。[①]那时的城堡广场为一座恢宏的建筑所占据，所占面积极大，但比起它的城堡式风格——那些角楼、城垛或雉堞来说，它的体量却又小了不少。该建筑由兰斯当侯爵二世修建，他是一位著名政治家同父异母的兄长，后来他的弟弟承袭了他的侯爵头衔。

当年侯爵夫人有一辆轻型敞篷四轮马车，由六匹或八匹小马拉动。马匹会依距马车远近排次，离得愈远，则每一对马匹体形愈小，颜色愈浅，从深棕渐变到浅棕、红棕，最后到栗色。两匹领头马由两名少年御马者牵引，最靠近马车的马匹，则由双手驾驭。那时我从窗口俯视，常因看到这梦幻般的马车而欣喜若狂。不过因城堡修建于此，整个队列都只得在开阔广场的狭小空间中行进。就像童话

---

① 详见沃顿写给约翰逊的笔记和斯蒂文所撰写的莎士比亚。

故事般美好却易破碎，注定转瞬即逝，不论是那马车和马匹，还是城堡本身，都很快堙没，“如同虚无的海市蜃楼”。1809 年，侯爵去世后，城堡就被拆掉了。可能没几个人还记得它曾经存在过，而曾参观过那里的人们也许还会猜想，那座城堡曾经究竟是如何矗立在那里的。

1809 年，奈特先生为母亲安排住所，共有两处房产可供选择：一处在肯特郡，靠近他的日常住所高德默厦庄园；另一处则在汉普郡，靠近他偶尔居住的查顿大宅。他母亲选择了后者，同年，母女三人和来往密切的劳埃德小姐定居在了查顿小屋。

查顿小屋可以说是简·奥斯汀的第二个家，也是最后一个家。与家人居住在巴斯和南安普敦的时光短暂，简·奥斯汀在这两处只能算作他乡寄客。查顿才是她与家人相伴的真正的家。巧合的是，她在查顿居住期间，几位兄弟也搬家至临近查顿的地方。而查顿也与简·奥斯汀的写作生涯最为息息相关。在此地，随着思想的渐趋成熟，她创作了新的作品，修改了旧日作品，并准备出版她后来借以闻名于世的作品。几年后，这里也是她迎来盛年而后日渐枯萎凋零的地方，更是她因病衰微，经多番劝告仍怀揣着生的希望而不舍离开的家。

这座房子矗立在查顿村，距奥尔顿约一英里，处于公路的右手边，刚好在通往温彻斯特与通往戈斯波特的道路间的岔路口处。房子距公路很近，房子前门就开在路边。建筑周边都立有栅栏，留出狭长空间，以免任何失控车辆冲撞房屋。这个位置着实恰当，我猜，这房子原先定是做旅店用的。后来房屋经奈特先生的管家接手，通过扩建，精心栽种了植物并安装上栅栏，才成了宜居之地。

奈特先生热衷于整改房屋等事务，他不仅经验丰富且做得得心应手。房子的正面开间包括一个大小适中的门口和两间起居室，这样设计是为了能直接看到公路。不过起居室里那扇大窗被封上了，被改装成了书架。从另一侧那扇窗远远望去，能看到草坪和树木，高大的木栅栏和树篱遮住了房屋旁通往温彻斯特的大道。房屋四周种满了树木，形成了天然的林荫道。房屋被环绕在内，内部空间宽敞，女士们可自由活动。灌木篱墙、沙砾路、果园以及蔓生的野草交错，分割出三片小园地，散落在庭院里，景色宜人。房屋本身同普通的教区长住宅无异，风格大体相似。房间足够容纳常来家里拜访的亲朋好友，屋中家具齐全，屋内外设施都维护得不错。总体来说，房屋日常维护费用不高，也算是个舒适典雅的居所。

考虑到某些读者会对知名作家的居所感兴趣，由此我大致描写了一下简·奥斯汀居住的房屋。连柯珀在欧尔尼街边那座平淡无奇的房子都成了旅游景点，房子的木刻插画甚至还印在了骚塞编撰的那版柯珀作品集中。但我不建议简·奥斯汀的仰慕者前往参观查顿小屋。这房屋虽仍在，但特色已尽失。1845年，卡桑德拉·奥斯汀女士去世后，这所房子被分作了几间，供雇农租住，土地也改作耕地使用了。

第五章 个人特色细数点

我的回忆录写到了一个特定时期，那时我的岁数已足够大了，我亲睹了姑姑的诸多经历，也能够对她的价值观理解一二了。在此，我将对其人格、思想和习惯进行阐述。她是个非常有魅力的人，身形高挑苗条，步履轻快稳健，给人的总体印象是健康而有生气。她肤色较深，面颊圆润，樱唇和鼻子小巧精致，双眸为褐色且炯炯有神，棕色卷发围绕在脸颊旁。或许她不像她姐姐长得那么匀称，但在大多数人看来她的容貌别具风情。简·奥斯汀到现在这个年岁，无论早上或是夜间都常戴着帽子。我想一般人都会觉得她和她姐姐穿着都过于老气，与她们的年纪和相貌都极

简·奥斯汀的画像基本是姐姐卡桑德拉所画。画中的简·奥斯汀头戴睡帽，帽边露出几撮卷发，眉头微皱，一副多愁善感的神情。

不相称。虽然她们一贯朴素优雅，但极少有人会认为她们打扮入时、穿着讲究。

依照现今的标准，简·奥斯汀不算多才多艺。她的姐姐绘画功底很高，本书前面的钢版雕刻肖像就是以她姐姐给她画的一幅肖像画为模板制作的。简·奥斯汀本人偏好音乐，她嗓音甜美，不仅歌声动人，说话的声音也很悦耳动听。她年幼时学过钢琴，住在查顿时，她每天都练琴，一般都是在早饭之前练习。我猜测，这可能是为了不打扰家里不太喜欢音乐的其他人。有时在夜间，她会独自一边弹琴一边唱几首简单的老歌。那歌词与曲调我再没听过，但仍深深在我脑海中萦绕盘旋。

她不仅法语流利，还懂些意大利语。那时候德语就跟印度斯坦语似的，不是小姐们的必修课程。在历史方面，她学的是哥尔德斯密斯、休姆和罗伯逊的传统学说。当时老派史学家的论断已广为接受，鲜少受到质疑。那时候，古罗马君主的历史还未被渲染为传奇。呈现在读者面前的历史人物形象非正即邪，还没有事实细节推翻这些形象。世人皆认为亨利八世是暴君，是凶残的丈夫，却未发掘他的美德；人们只认同伊丽莎白女王堪称完美的智慧与治国政策，却不了解她性格的反复无常。

简·奥斯汀还是个小姑娘时，政治观点较为激进，尤其是对十六和十七世纪的历史事件。她曾为护卫查理一世和他的祖母玛丽而激烈辩护。但我个人认为，这只是出于强烈的情感冲动，而非有理有据地分辨这两位历史人物究竟是该被定罪，还是该被赦免。不过她长大后，已不再关注政治，但也有可能她与家里人一样，成了温和的保守党。

她非常熟悉当时的期刊《旁观者》及其后继刊物，尤其相当熟识理查森的作品，程度无人能及，现今涌现的大量优秀通俗文学已让读者无暇再关注这位大师了。理查森在《查尔斯·格兰迪逊爵士》中所述的每一个场景，雪松客厅中的一言一行，简·奥斯汀都熟记于心；还有L和G小姐结婚的日期，她都记得清清楚楚，就仿佛她们是她现实生活中的朋友一样。

在她喜爱的作家作品之中，她最推崇的是约翰逊的散文、克雷布的诗歌以及柯珀的散文和诗歌。简·奥斯汀天生独具的赏文能力，以及后天培养和塑造了她的品味的这些优秀作家，使得她没有像其他女性作家那样陷入模仿约翰博士辞藻华丽的文风。她极为欣赏克雷布的作品，可能是出于与她本人风格相似，充满丰富而完善的细节。简·奥斯汀时不时还开玩笑说，若是她结婚，她就要做克雷布太太。不过她那是将克雷布先生过于抽象化了，并未考虑他真正的为人秉性。简·奥斯汀极为欣赏司各特的诗歌，但她并未读过很多他的小说。这些小说只有三本在她去世前出版，但从她的信件节选可看出，她十分赞赏《威弗利》。尤应注意的是，她虽独立于文学圈，不闻窗外之事，但竟能如此明确自信地讲司各特就是《威弗利》的作者：

> 沃尔特·司各特不应该写小说，尤其不应该写得那么好，这不公平。他作为诗人都已是名利双收，不应当再来夺小说家的饭碗。我也不想钟情于《威弗利》，但实在是控制不住。我都下了

决心不再读那位太太的小说了，我该去读吗？不，还是不读了。我想我该是能抵挡得了她的作品的诱惑。我心意已决，日后便只读埃奇沃思小姐的，你的，还有我自己的小说。

但是，简·奥斯汀之所以与众不同并不是因她学识广博，而是她本身独具的人格魅力。她深受孩子们的喜爱，这种魔力我无法用言语描述，只能引用她两位侄女的话，其中一位说：

我还是个小女孩时，就总是黏着姑姑，屋里屋外，时时刻刻都跟着她。而现在我都已记不得了，这些全是母亲后来私下里同我讲的，还说姑姑从不觉得我们烦。对孩子来说，她最具吸引力的一点就是和善亲切。你觉得她爱你，于是你也爱她。我现在记起的都是我早年间的感受，那时我岁数不大，不能理解个中乐趣，未能因她的机智而感到愉悦。但很快，我就能体会到她巧言妙语下的乐趣了。她能利用所有事情来逗乐小孩子。后来，我又长大了些，更多的表兄弟姐妹都会聚来玩耍，她就会讲些趣味十足的故事。故事大多是些仙境传说，那里所有的仙子都个性十足。我确信那些故事都是她临时编出来的，若是条件允许的话，她真能讲个两三天。

她还说：

在查顿的时候，我同简姑姑的其他两个侄女一起玩耍，简姑姑总是有很多点子，我们常常依赖她。她会任我们挑选衣橱中的衣物，为我们打扮起来。她还会在我们的“家”中扮演有趣的客人。她会用各种方式逗我们开心。我记得有一次，我和两个表妹扮演前一天刚参加完舞会的大人，她就和我们像大人一样聊天。

另一位侄女的话语也很相似：

简姑姑很受孩子们欢迎，她与孩子们相处的方式趣味十足。她讲的故事又长又详细，令人回味无穷。不论是在哪种场合，我们都会一次又一次求她为我们讲故事。她只靠天生的创造才能，便能凭空编织出许多富于想象的故事。啊！要是我们能复述出这些故事中的哪怕一个都好啊！等我再长大了一些，我们之间原本十七岁的年龄差距似乎缩小到了七岁，甚至是不存在了。直至现在，我仍是非常想念她。无论遇到什么事情，我都会不由自主地想到简姑姑。我常对自己说，为了简姑姑，我要记下这个。

她的一位侄子就曾说道，自简姑姑逝世后，再去查顿都会觉得失落。过往相处的点滴，让他会不由自主去期待那房子里的人带给他的那独一无二的欢愉。但到了那里，才发现那独此一家才有的魅力已消失得了无踪影。房子中最亮的那一束光芒已消失，这阴霾笼罩在房子里所有在世之人的心头。简·奥斯汀不仅关心孩子，有逗他们开心的神奇魔力，而且几乎所有年龄层的朋友都曾领略过她活跃氛围的魅力。她对滑稽有着敏锐的感知，无论是对人抑或是对物，她都能从平凡中寻找到乐趣。但她从不拿严肃的责任或义务取乐，也从没有取笑过他人。

就算是不太亲密的邻居，也都同样能得到简·奥斯汀的礼貌相待。她热心地关切他们的日常生活，爱听街坊邻居间的各类传闻。有时她还会拿这些传闻逗趣，但她不过是为这些流言添些味道，纯属自娱自乐，绝非尖酸刻薄。她也从不以此侮辱或戏弄他人。“戏弄”是那时的用词，常用于贬低他人，性质低俗恶劣。不过该词所表达的龌龊行为，在现代社会已然少了许多。她时常会拿邻居、朋友或自己打趣，将周围人名不见经传的传闻逸事或生活琐碎融入诗歌或散文之中；或者会把大家写入一段虚构的历史事件中，想象他们会说些什么或做些什么。但这都是些不可考究之作，不会有人当真的。

下述例子就透露出她思维的活跃，无论是信件或是谈话都独增了一丝愉悦的味道：

在报中见盖尔先生与吉尔小姐婚讯，为此而作。

伊斯特本的盖尔先生，仪表堂堂；
他现已“病入膏肓”，为吉尔小姐思之若狂。
他轻声叹息：我已是你的奴隶；
噢，若是你愿意，请将我释放；
接受我，将我放在你的心上。

为中年交际花与维克先生的婚礼所作，若她是在年轻貌美时，应该是不会嫁的。

玛利亚，幽默貌美又高挑，
为嫁人，只求博得公子笑；
怎知道，所有舞蹈都白跳，
现欢欣，维克拥怀面娇娇。

我们昨晚看剧，欣赏奥尼尔小姐扮演的伊莎贝拉。但我期望过高，本以为她会表现得更好的。

现在很少有表演能够让我满意了。我带了两张手帕，但一块都没用上。不过她本人倒是优雅，还高兴地抱着青春先生。

这么看来，B女士是真的结婚了，但我却从未在报纸上看到过婚讯。要是报纸上没登出来，人家说不定还是单身呢。

她也曾经突发奇想，为一个聪明漂亮的年轻友人写了如下打趣的赞美诗：

1.

精言妙语亲颂扬，
安娜魅丽响四方；
灵魂放纵心飞翔，
如同草原宽又广。

2.

来把安大略湖说，
幅员辽阔想象多；
严格说来是圈状，
绵延五百公里长。

3.

安娜智将敌友沐，

正如尼亚加拉大瀑布；
游客凝望皆停驻，
静倾听，忘记全部。

4.

她的思辨完美又深远，
如大西洋彼岸的林园；
给予帮助，善意庇护，
无忧无虑，漫步其间。

5.

若把她那美德颂，
美洲不及把物供；
大陆广阔气势宏，
美人一笑化风中。

6.

佳人款款怎能描，
心有余力办不到；
万般刻画皆不好，
美好岂止于容貌。

7.

展现另一个世事，
通晓另一种文字；
古话才能将其描述，

她与生俱来的魅力。

我相信，这所有荒唐的游戏之作，基本都是即兴而作。幻想出的对美洲的描绘，也不过是为与第一节相押韵罢了。

下面是一些简·奥斯汀寄给侄女的信件摘录，当时这位侄女正沉浸于写小说，但可能从未完稿，也绝对未出版过。除了这些摘录外，我对她的这本小说一无所知。当时简·奥斯汀正忙于创作《爱玛》，对侄女尚不成熟的文笔，她在信中表现出了温柔的关心与鼓励。信的内容也顺带提出了她对创作这类作品的一些意见：

查顿，1814年8月10日

你姑姑卡桑德拉可能不喜欢情节散漫的小说，恐怕你的小说多半就属于这一类。一群群人频繁地不停变换，时不时再出现个场景，其结果显而易见，便是文章空无一物。我本人倒不是那么反对这样的小说，我比你卡桑德拉姑姑可宽容多了。故事的性质以及思想可以掩盖结构松散的诸多缺陷。略微安慰你一下，一般来说人们也不怎么在意故事结构……

9 月 28 日

你现在可以自由地安排你的人物了，能在特定场景下精准地安排人物，这也不失为我写作的趣味所在。乡村中写三四个家庭就足够发挥了；我希望你能多写点儿，能做到人尽其用，安排恰当。

德弗罗·福里斯特被虚荣心所毁灭这一情节非常精妙，不过我还是希望你别让他陷入“放纵的漩涡”。我并不反对这样写，但我着实受不了这种表达手法。这完全是小说中的陈词滥调了，老到我敢说亚当读第一本小说就已经遇到过了。

汉斯广场（1814 年 11 月）

我向你保证，我在你的小说中已挑不出任何毛病了。我第一时间阅读了你的书，感觉很棒。事实上，我觉得你写的速度很快，希望我另一位老相识也能这样。朱利安过去的经历震惊了我，我怀疑你可能也是现编的。但我不反对你设计的这一情节，这一段讲得不错，还有曾经爱上自己的姑姑这一点令塞西莉亚对他兴趣倍增，这也很不错。这还真是对姑姑的极大赞赏呢！我在猜，若不是为了奉承这个姑姑，这些侄女们才不会被看上呢。我敢说你丈夫肯定爱过我，要不是以为我得了猩红热死去，是断不会想到你的。

在动手能力方面，简·奥斯汀也是相当出色。我们中没人能像她一样，可以将小棍堆成完美的圆形，或是将棍子稳稳地抽走。连杯球游戏她也玩得非常娴熟，我们在查顿时玩的那种还算简单，而她一下就能连续接球一百多次，直到手酸了为止。有时遇到眼睛疲劳，不能长时间读书或写作时，这些简单的游戏对她而言也是一种放松。

以下是简·奥斯汀的笔迹样品，字迹苍健有力。要是所有的手稿都这么清楚，那排版工人可要高兴坏了。她在书信上的心灵手巧，并不是只展现在笔迹上。在那时，折

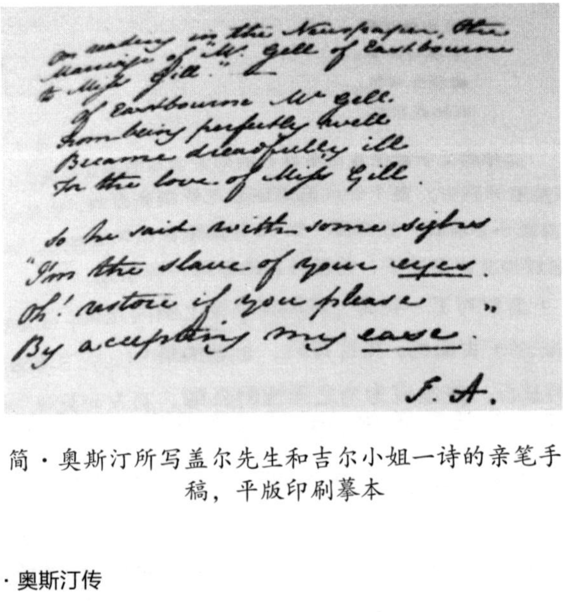
On reading in the Newspaper, the marriage of "Mr. Gell of Eastbourne to Miss Gill."

Of Eastbourne Mr. Gell
From being perfectly well
Became dreadfully ill
For the love of Miss Gill.

So he said with some sighs
"I'm the slave of your eyes.
Oh! restore if you please
By accepting my ease."

J. A.

简·奥斯汀所写盖尔先生和吉尔小姐一诗的亲笔手稿，平版印刷摹本

叠信纸和蜡封也都是门艺术。而确保一封信粘黏良好，绝非是易事。有些人的信件总是松垮又腌臜，但她的信件一直折叠恰当，封蜡位置也拿捏得正好。

她的针线活，无论是缝补还是刺绣，也都非常漂亮，连缝纫机都会为之赧颜。尤其是她的缎纹刺绣尤为出色，得到了大家的一致好评。她的不少时间都花在针线活上，与友人讨论得最为愉快的话题就是为自己或为穷人们制作衣服。不过她的针线活计目前仅存一件实物，非常稀有，是她为其嫂子，也就是我的母亲制作的。那是一个装在小包中卷起来的小小针线包，里面放着精巧的小针和丝线。包里还有一个小口袋，袋中装着一张纸条，纸条上用羽毛笔写着：

口袋小小，情难意表；
内备针线，需时用到。
如若分离，代为知交；
睹物相思，情莫忘了。

这小短文就像是善良的仙女给勤劳小姑娘的嘉奖。针线包是用印花丝绸做的，还从未被使用过，至今仍被小心珍藏，到现在还是崭新如初、色泽亮丽，一如七十年前的模样。这也恰如其分地印证了简·奥斯汀这双下笔如有神的手，同样也能将女工做到极致。

我已罗列了一些简·奥斯汀个性上的优秀品质，但这仅是简·奥斯汀表面上引人注目的性格，在这背后隐藏的是她深厚的理性评判功底、公正的原则以及敏锐的情感，这使她成为当之无愧的良师益友和玩伴。实际上，她能和开心的人一起插科打诨、说笑逗趣，也能安慰心情沮丧的人，照顾生病的人。后来，两位侄女也已长大，在简·奥斯汀去世前，其中一位已嫁作人妻。当她们的心智愈发成熟，与简·奥斯汀就愈加亲近，愈加了解她深刻的思想。在她们还是青葱少女之时，就遇到了各种琐碎的困难和疑惑，而她就是她们的富有同情心的好友和智慧导师。

我并未敢冒昧提及她的宗教信仰，她本人更注重于思考和行动，而非嘴上了事。在此，我将效仿她的缄默与保守，仅告知各位她是一名虔诚的基督徒，内心满是慈爱与谦恭。我并不会鲁莽探究她的美德从何而来，根源在何处。但是，在后文谈到她过世时，我会继续深入她心灵深处的隐秘之地稍做窥探。

第六章　兴趣使然首出版

在离开史蒂文顿，迁往查顿的这几年里，简·奥斯汀的作品鲜少，尤其是与该时期前后的文学创作对比，显得极为突兀。可能很多人会猜想，或许是新环境和新结识的人分散了她的精力。但其实简·奥斯汀在巴斯与南安普敦时，生活平静，时间充裕，按理应当适于创作。不过据我所知，在此期间她没有完成任何作品。面向公众出版的书籍也没有一部是于这两个地方完成的。我仅能陈述事实，不探究任何原因。但她安顿在第二家园后，便重新拾起了在史蒂文顿时的写作习惯，直至生命最后一刻。

迁至查顿的第一年，简·奥斯汀似乎开始全心投身于《理智与情感》以及《傲慢与偏见》的修正与出版中。

1811年2月至1816年8月间，她开始创作并完成了《曼斯菲尔德庄园》《爱玛》和《劝导》。在她生命的最后这五年，创作的作品数量与她早年创作的一样多。而她究竟是如何做到的，这实在令人惊奇，要知道当时她并没有独立的书房，大多数作品都是在纷乱又嘈杂的起居室里完成的。

她非常谨慎，不让仆人、访客或家人以外的人觉察到她在写作。她将文字写在小纸片上，一来人时便随时收起，或是覆盖上吸墨纸藏好。在前门与杂役间之间有一扇

简·奥斯汀的小说《理智与情感》中的一幕，约翰告诉埃丽诺他多么希望玛丽安娜能嫁给布兰登上校。

转门，一旦打开，这门便会吱呀作响。不过简·奥斯汀不愿修缮这点小毛病，因为门一响，便可知道有人来了。

不过还好她不用受譬如《诺桑觉寺》中的艾伦太太一类人的叨扰，这位太太“心灵空虚，不善思考，虽没有长篇大论，却安静不下来。因此，每每她坐着干活时若丢了根针、断了条线，或是衣服上沾了丁点灰尘，都能令她大声惊叫，不管周围是否有人搭理”。当家中女人们都各自忙碌时，简·奥斯汀便在那桃花心木写字台上奋笔疾书[①]。这些宝贵的静谧时光也令范妮·普莱斯、爱玛·伍德豪斯和安妮·埃利奥特出落成了美丽、幽默的姑娘。我和我的姐妹，还有表亲们去查顿拜访时，经常会不自觉地打断这一神秘的创作过程。但我们根本无法觉察到这一点，因为创作者本人也从未曾因此表现出不耐烦或者恼怒。

有了前期的大量准备，终得厚积薄发，简·奥斯汀的作品一旦开始出版便接连问世。1811 年，《理智与情感》出版；1813 年，《傲慢与偏见》出版；1814 年，《曼斯菲尔德庄园》出版；1816 年，《爱玛》出版；而《诺桑觉寺》与《劝导》，直到她逝世后，1818 年才出版。为何《诺桑觉寺》完成最早，却出版最晚，缘由将于下文揭开。她的

① 这是一张桃花心木书桌，在造福读者方面有巨大的功绩，现在归我的妹妹奥斯汀小姐所有。

前三部小说的出版商为埃杰顿，后三部的则为默里。在她去世前付印的四部小说的总收益还未到七百英镑。

我手中没有什么材料记录《理智与情感》的出版过程，也不知道简·奥斯汀在作品首次面向公众时有何感想。但是以下三封简·奥斯汀给姐姐的书信节选，可以生动地呈现出简·奥斯汀是何等兴致勃勃地看着《傲慢与偏见》为世人所接纳，以及她修改作品和进行删节时是多么认真：

查顿，1813 年 1 月 29 日，星期五

很期待你周三晚上能收到我托 J. 邦德给你带去的小包裹。我亲爱的卡桑德拉，你还会在周日收到我的来信，因为我自感今日应当给你写一封信。我想告诉你，我的宝贝终于从伦敦寄来了。周三时，我收到了法肯纳尔送来的一本，上面还有亨利的几行留言，说一本给了查尔斯，还有一本托邮车送到了高德默厦……今日，我们在报纸中首次刊登广告，费用为十八先令。后面出的两本则需支出一英镑一先令。而所有书中，我感觉最蠢的那部则需要一英镑八先令。书送来的这天，B 女士正与我们共进晚餐，晚餐后，所有的焦点都集中于书上了，我们为她读了第一卷的一半。我们早就告诉过她，亨利说

作品很快要出版了，我们早盼着出书后他马上寄过来了。不过我相信她根本就没听进去。她听书听得太过投入了，都忽略了我们的话。可怜的人啊！你知道在我们两人的引领下，她很难不专注于这本书，而她似乎真的很喜欢伊丽莎白。

我得承认，伊丽莎白是我已出版作品中最为讨喜的一个角色。若是她不受某些人待见，我实在是不知道该怎么理解这些人。书中有几处明显的错误，例如，部分对话若是加上“她说”或“他说”，可能会立即清晰起来。但我无意为愚夫而作，他们本就悟性不高。第二卷比我所想的要薄些，但实际上看起来差别不大。该卷有诸多叙述部分，不过我删减得当，问题应该不大。整部书篇幅该比《理智与情感》短些。现在，我想尝试写些其他的了。

查顿，1813 年 2 月 4 日，星期四

我亲爱的卡桑德拉：

非常高兴收到你的来信，也很感谢你的赞赏。这信来得真巧，我现在也有些烦心事。我们给 B 女士诵读的第二个晚上，没能让我像上次那么愉快，哎，都怪母亲读得太快了。尽管她对人物角色理解得很好，但她却无法像角色一样讲话。不过总体来

说，我现在十分自负，也极为满足。因为这作品太过轻松，又夺目耀眼，该来些阴影映衬才对。若是可以，最好在这边或那边再添些大段理性文字；要不再加些似是而非又严肃的胡说八道；不然就来篇写作相关的论文，沃尔特·司各特的评论，或是波拿巴的生平，总之要与现在的文风产生鲜明对比。这样就可以为读者带来愉悦的享受，迎合当下庄谐并重的潮流……在此印刷版本第三卷二百二十页，有一处极大的错误，那里有两句话被合为了一句。或许在朗伯恩（《傲慢与偏见》中的地名）大家也不吃晚餐，但我想这该是贝内特太太在梅里顿娘家时便有的旧习惯了。

下面这一封是紧挨着上面两封信写的，写于1813年2月：

我这次的回信很快吧，亲爱的卡桑德拉。这封信似乎并没什么可取之处，也没有名言警句，只是一封令人开心的长信。我很高兴你在看过整本书后告诉我你做了什么。范妮的褒奖也令我扬扬自得。我对范妮执念颇深，没有什么比获得她的赞赏更令人欢愉的了。她喜爱达西和伊丽莎白就已足够了，其他角色她则大可以讨厌。今早我就收到了她的亲笔信，不过我事先读了你的转述，从始至终我还是更喜爱你的转述。她交予我的亲笔信满满都是赞美之词，不过我更喜欢你转述中她那些真切的意见。

我们周三的聚会极为和谐愉快，唯一意见大概就是希望主人少些焦躁厌烦，多些交谈。某位太太提到她已经将《被剔除的演讲》给了H太太，我同她略微交谈了下，并希望她可以从书中获得乐趣。她回答道："噢，亲爱的，是真的，真是太有趣了！打开房门那一刻，小提琴就响起！"谁知道这可怜的女人说的是什么，我没再追问。后来，一群人想打惠斯特纸牌，需要占用整张圆桌，我就和妈妈打了个招呼推辞掉了。他们这桌刚好凑满，就同格兰特太太家的牌桌一样，希望他们玩得愉快。[1]母亲现在很好，正醉心于编织手套，除此之外，没有别的兴趣了。

我们看了许多书，母亲刚得了本约翰·卡尔爵士的《西班牙游记》。我正在阅读一本八开本的社会学著作，该著作由工程师帕斯利上校所著，名为《论宪兵队和大英帝国的建立的随笔》。最初我挺抵触这本书，不过试读了一下，发现文笔轻松幽默，

---

① 那时是1813年2月，《曼斯菲尔德庄园》即将完成。

极具趣味性。我现在颇喜爱这位作者，就同喜欢克拉克森与布坎南那般，甚至可以同城里的那两位史密斯先生相提并论。我第一次为一名军人所折服，只因他的妙笔生花和饱含激情。另外，昨日我收到了“格兰特太太的信”，怀特先生鼎力推荐，不过这些我已全交予了P小姐。既然查顿有这么多读者喜欢读书或是收藏书，我敢说肯定两个礼拜就能整理完这些书了。接下来两周我准备将“格兰特太太”交给那位太太，这对她没太大影响，这三卷在她书桌上躺一整年都可以。

最近有人询问我关于古时用铃铛、书籍和蜡烛下咒的相关资料，但我对此也是一无所知。或许在你住的地方，可能会找到其起源的相关信息。那里的太太们总爱读那种摆在早餐厅里的又大又笨重的四开本的书。她们肯定知识渊博，熟知世界上的很多事情。不过我可真讨厌四开本的大部头著作。想来帕斯利上校的书肯定不适合她们。这些书层次过高，她们肯定无法理解能将思想浓缩在一个八开本书里的人。我从J.卡尔爵士的书中得知，直布罗陀没有总督府，看来我要把它改成司令部了。

下面这一封写于同一年，但谈论的话题完全不同。这封信写的是关于简·奥斯汀从查顿到伦敦的一段旅行。她坐着兄弟的双轮马车，路途悠悠，在这漫长的炎炎夏日，沿途看到了许多优美的风景。而现在人们乘坐高速列车不过一小时便到达了目的地，再也无法像以前那样欣赏沿途的美景了。

斯隆街，（1813年）5月20日，星期四

我亲爱的卡桑德拉：

在聊天之前，我先声明，客厅壁炉台上用纸包着的那些半便士是我的，我亲手放在那里，忘记拿走了。我倒不是缺钱，但我的东西就是我的东西，魔鬼都是这样的。比起今天，昨天天气真是太好了！今早潮湿的天气令人愁绪万千，好在我们并没遭什么罪。虽说有点阵雨，马车顶都被掀翻了三四次，但我们并未淋到。不过在路过彘背岭时，雨似乎更大了些。我猜查顿现在的雨恐怕也很大，你们肯定更担心我们。我们到吉尔福德花了三个小时又一刻钟，在那里我们仅待了两个小时，时间才刚刚够我们悠闲地吃顿早餐，看看马车，向哈林顿先生付账，最后再散了会儿步。

从散步一路走过的风景看来，吉尔福德的地理位置可谓绝佳。多希望我们全家的兄弟姐妹都能站

在滚木球的草地上一起眺望霍舍姆。还有我今天运气实在太好了，进第一家店就买到了想要的手套，而且才花了四先令。当时在这家店买就是看它离得近，而不是因为它看起来像一家手套店。不过查顿的每个人估计都会觉得划不来，且其价值还有待考量。但就我看来，还是挺好看的。

我们于中午十一点四十左右离开了吉尔福德（希望有人会在意这些细节），两个多小时后到了伊舍。总体看来，我很爱这里的乡村。从吉尔福德到里普利的这一路风景秀丽，潘恩谢尔附近也是如此。我们吃过晚饭后，还去看了斯宾塞先生在伊舍那边的土地，那里景致十分宜人。我们无法评价未见到的事物，但转念一想，英国某一处的树林、草地、宫殿，还有名胜风景或许更为秀丽迷人呢！埃利斯先生有一处房产在克莱蒙特，现亟待出售，这处房产似乎从未兴旺过。晚饭之后，我们继续前行，等着马车夫来接。当马车夫赶上我们时，我们已经要走到金斯敦了。我们到达时，我猜差不多已经下午六点半了。经历了十二个小时的车程，马显然累坏了。我也极为疲惫，很想早早入睡，但今天我感觉状态还不错。

我现在一个人待在起居室，温暖而又舒适，不再需要其他相伴的人，否则还得假装说“谢谢”，当然，除你之外。我很享受这房间的静谧。我曾极不情愿地出访了两次，好在谈论天气花去了不少时间。我与夏洛特·克莱文小姐[①]只是小坐了一会儿。她气色不错，长发盘起，显得优雅端庄、很有教养，而且她礼数周到，自然而不矫揉造作，令人倍感愉悦。她今天收到了母亲克莱文太太的来信，克莱文太太说要在奇尔顿再待两周。没有见到谁能让我比见到夏洛特更为欢喜的了。我被带到楼上的起居室，夏洛特在那里等我。房间整个布局丝毫没有古旧之风，令我忍俊不禁的是，那儿堆满了各类时髦的优雅物品。

你亲爱的，

J.A

下面一封信写于第二年，写到了她与兄长亨利在伦敦的另一场旅行，并提及同他一起阅读了《曼斯菲尔德庄园》的手稿。

① 现在瑞登纳姆的波伦太太，瑞登纳姆在安多弗附近，那时她在伦敦上学。

亨丽埃塔街，（1814年）3月2日，星期三

我亲爱的卡桑德拉：

你以为我们昨晚在吉尔福德？猜错了，我们在科伯姆。到吉尔福德时，我们发现约翰和马精力还不错，还能继续前行。所以我们就像在法纳姆那样，坐在马车里等换完马匹又上路了。差不多晚上七八点钟，我们就到了科伯姆，在那里我们坐定后还吃了顿不错的烤家禽。我们一路顺风，科伯姆的一切都是如此舒适。唯一的遗憾就是我没钱付给哈林顿先生。只能等以后再还他的账了，还有欠着妈妈的那两英镑，至于欠你的钱就要碰运气还了。直至到本特利绿地，我们才开始读书。到目前为止，亨利的认可与我期望的差不多。他说这本书不同于其他两本，但似乎并未提到有什么逊色之处。他刚看到拉什沃思太太结婚，这也是书里最为精彩的一部分。他非常喜欢伯特伦爵士夫人和诺里斯太太，并高度评价了对这两个人物的刻画。

他理解所有的人物，还非常喜爱范妮，我猜测他已预料到了故事的发展。我昨晚读完了《女主人公》，心情大快。詹姆斯可能没我这么喜欢这本书，不过这书着实令我倍感欢愉。我们晚上十点就睡了，我太累了，但睡得还算不错，今早起来也算

红光满面。现下亨利似乎也没什么抱怨的了。我们早上八点半离开了科伯姆，并在金斯敦暂时歇息，吃了顿早饭，待在屋中直到下午两点。巴洛先生面带微笑在门口等我们，当问到时下有何新闻时，他讲道，大家都企盼和平。我现在已经在卧室安顿妥当，行李箱打开了，还用两便士给P小姐发了两封信。管家B太太已来过了。我现在正在前厅的新桌子上写信。

现在正雪花飞扬。昨天下了场暴风雪，到了夜间，冰霜醒目，因而从科伯姆到金斯敦的路面难以通行。由于路面泥泞湿重，积雪深厚，亨利加了两匹马才抵达斯隆街道尽头。而只有他自己的马是干不了这些重活的。驶过街道时，我们看到许多人带着面纱，并且发现其中不乏几个粗俗之辈。也不知现在你们怎么样，尤其是你，想必这两天一直在为我们担心。

希望玛莎能玩得愉快，还有你和妈妈可以吃你做的牛肉布丁了。我明天一早就准备去找个人来打扫一下烟囱。我们还订到了周六在特鲁里街剧院的票，但基恩实在是太受欢迎了，我们只能订到第三排和第四排的位置。幸好我们的包厢正对着舞台，希望我们能看得清楚。《夏洛克》这部剧很适合范妮，但我想，她很可能对此无动于衷。佩里戈尔太太刚刚来过，她说我们还没还亨利垫付的丝染的钱。我可怜的旧细布都还没染过色呢。本来好几次都说要去染的。这些染匠实在太坏了！他们把自己的灵魂都浸泡在腥红的罪恶里了。

现已入夜，我们喝过茶后，我又翻阅了一下《女主人公》的第三卷。我觉得此卷不如前两卷。该卷采用了讨人喜爱的滑稽桥段，别有一种拉德克利夫的风格。亨利在继续阅读《曼斯菲尔德庄园》。他很喜欢 H. 克劳福德，确切来讲，可能只是觉得他聪明又讨人喜欢而已。我讲了我能想到的所有好事，我知道你听了肯定会高兴的。听说基恩先生现在简直是众星捧月。接下来两周内，特鲁里街剧院估计不会有好位置了。但亨利还是想订到两周后的星期六的票，到那时你应该会回来了。请代我向小卡斯问好，希望昨天她在我床上睡得安稳。在伦敦，我还没见过谁的下巴比句法博士的还长，也没见过谁的身形比哥戈曼格利斯克的还要庞大。

你亲爱的，

J. 奥斯汀

第七章　孤身独立文学圈

简．奥斯汀只身孤影于文学界。她与同时期的作家既无书信往来，亦无私交。简·奥斯汀似乎从未同那些才华或名誉与自己相当的作者有过任何交往。以至于她的才华从未因与有识之士的思想相碰撞而磨砺升华，她也从不因这类人的偶然建议而获得灵感。无论如何，她的作品都是名副其实的个人创作。即使是在生命最后的两三年，她的作品的社会评价越来越高，她的交际圈也丝毫不曾因此扩大。极少有读者听说过她的姓名，更不要说了解她了。我怕是再也想不到能有哪个作家能像她这般默默无名了。

像她这样的作者，我着实想不出一个来。但与她相反的例子倒是有不少。例如，范妮·伯尼，也就是后来的达尔布莱夫人。她早年便受约翰逊博士的赏识，成为斯瑞尔太太和约书亚·雷诺兹爵士的座上宾，并被引荐给当时的文人学者。而安娜·苏厄德则在利奇菲尔德自建了“圣殿”，若不是坚信所有诗歌迷们会虔诚地景仰她，她恐怕会痛苦万分。乔安娜·贝利和玛利亚·埃奇沃思二人确实是无心于追求名利，更喜爱与家人独处，贝利与她的兄弟姐妹居住在汉普斯特德的乡间，埃奇沃思更是远在爱尔兰。但是她们却颇有声名，而且还是沃尔特·司各特爵士最爱的往来对象。克雷布通常待在乡间教区，但时不时也会前往伦敦去荷兰府用餐，人们将他和坎贝尔、摩尔、罗杰斯相提并论。在一次重要的纪念活动中，他还受司各特之邀来到爱丁堡，尽情享受了为取悦乔治四世而大肆操办的奢华舞会。

那些隐匿于山水之间，深居简出的伟大作家们，虽然他们极少抛头露面，但思想却仍广为世界所赞誉，被人们特地赋以新词来命名，人们称之为“湖畔诗人”。夏洛蒂·勃朗特的大半生都是在与世隔绝的荒野中度过的，相比之下，简·奥斯汀所在的史蒂文顿和查顿还算得上是一片乐土了。但夏洛蒂·勃朗特受到的万众瞩目，简·奥斯汀却从未拥有过。当夏洛蒂·勃朗特到伦敦拜访热心的出版商时，骚人墨客，无论男女，都会受邀前来同她会面。她还有幸备受萨克雷青睐，也曾经在威利斯屋[1]羞涩而颤抖地穿过各位太太小姐的簇拥，以《简·爱》作者的身份接受着大家的注目礼。

米特福德小姐亦是隐居于“我们的村子”中，将全部时间与精力都用来照顾她的父亲，虽然这位父亲不值得她如此付出。但她至少还有些名气，凭借其创作的悲剧而闻名于伦敦。米尔曼和塔尔福德同她交情甚好。她的作品也令她进入本不属于她的社交圈。许多人都因米特福德小姐的作品而仰慕她，更因她将出版物中的角色同现实中作为小说作者的奥斯汀相联系而对她推崇备至。几年前，一位绅士曾造访温彻斯特大教堂，希望见见奥斯汀女士的墓地。教堂司事给他指了路，并问道：“先生，可以说说这位女士有何不同寻常之处吗？为什么如此多的人想知道她葬于何地？”她生前，许多人就像这教堂司事一样，对其一无所知，没人知道“这位女士有何不同寻常之处”。

直至生命凋零之际，生前最后一部出版作品面世，简·奥斯汀才获得了唯一的高度关注。这关注之所以重要，也仅是因为它是来自上层人士的关注，它并没有让简·奥斯汀一下子变得声名卓著。事情是这样的：1815年秋，简·奥斯汀前往汉斯广场她哥哥亨利的住处去照顾身患热病且恢复缓慢的哥哥。为亨利治病的医生恰好也是摄政王的医生之一。此

---

① 详见盖斯凯尔太太的《勃朗特传》第二卷，第215页。

时的简·奥斯汀已不再费心隐姓埋名了，虽然书的封面上还是没有刊印她的姓名，不过有心之人还是会轻易知晓她的名字。而这位和善的医生就知晓了自己病人的护工就是《傲慢与偏见》的作者简·奥斯汀。

因此，有一天医生告知她，摄政王是她的忠实读者，他常读她的小说，并在每处住所都放有一套她的作品。医生认为理应将这一消息——简·奥斯汀就在伦敦——告知摄政王。摄政王知道后就派卡尔顿宫的图书管理员克拉克先生来迎接简·奥斯汀。第二天，克拉克先生就邀她前往卡尔顿宫，说应摄政王指示，带她参观宫内的图书馆及其他建筑，并会极力满足她的愿望。简·奥斯汀自然接受了邀请，在参观卡尔顿宫期间，她还收到克拉克先生的奉命转达：若是简·奥斯汀小姐有任何其他新出版的小说，都可将其献给摄政王。因此，当时正在付印的《爱玛》也就顺其自然地被献给了摄政王。

克拉克先生是克拉克博士的弟弟，克拉克博士是位旅行家和矿物学家，奥特主教曾为克拉克博士书写传记。简·奥斯汀发现克拉克先生不仅是位彬彬有礼的绅士，还很仰慕她的才华。尽管从以下克拉克先生的信件可知，他并不了解简·奥斯汀能力的局限，也不知这些能力该当何用。以下是他们的书信往来。

在获得摄政王的口头允诺之后，简·奥斯汀唯恐自己会错意思，因而向克拉克先生写了此信。

1815 年 11 月 15 日

先生：

我冒昧地想向您问些问题。很荣幸上周一在卡尔顿宫受到您的款待。在您给的诸多优待中，提到我日后可将作品直接献给摄政王殿下，不需再另行请求恩准。以上这些是您所说的，至少我是这样理解的。但我对其个中真意着实诚惶诚恐，因而胆敢请求您好心告知，我该如何理解这份恩准，我是否必须将现在正在付印的作品直接呈给摄政王殿下以示我之荣幸之至。对此，我既不愿显得鲁莽冒失，也不愿显得不领盛情。

下面是克拉克先生的亲切回信，附带的提议令简·奥斯汀略有些吃惊。

卡尔顿宫，1815 年 11 月 16 日

亲爱的女士：

您可将现在付印的作品直接呈给摄政王殿下，但不必对此觉得身负责任。不论现今还是日后，只要您愿以此向摄政王致以敬意，都无须再受困扰或多做请求，我都将给予您准许，且乐意之至。

女士，您近来的作品，尤其是《曼斯菲尔德

庄园》反映了您不同凡响的智慧与至高无上的准则。每部新作中，您的才能都在日渐增长，且判断力愈来愈强。摄政王读过您的所有作品，每部都十分喜爱。

请接受我由衷的感谢，感谢您的著作为我带来愉悦。每每阅读之后，我都不由自主想写下这些。同时，亲爱的女士，请许我提个不情之请：可否在未来的作品中描述一个教区长的生活习惯、性格特点以及兴趣爱好。这位教区长于都市与乡村之间旅居，就像贝蒂的《游吟诗人》那般——

喜不形于色，羞涩遮掩深情；

眉头看似紧锁，幽怨欲凝；

他竟开怀大笑，无人能说清。

在我看来，无论是哥尔德斯密斯，抑或是拉方丹，在他们“绚丽的画面”中都没能刻画好英国教区长形象，至少是未刻画好当代教区长这一献身于文学、自省吾身而不与人为敌的形象。亲爱的女士，请您认真予以考虑。

真心不变，愿得信赖，

怀揣敬仰，您忠实而感恩的仆人，

图书管理员，J.S. 克拉克

下面这封是回信，可以看到《傲慢与偏见》的作者自感无法胜任这一嘱托，描绘出像贝蒂笔下的《游吟诗人》那样热情的当代教区长。

12 月 11 日

亲爱的先生：

我的小说《爱玛》即将面世，我深感不应忘记您的建议，把最早一版送往卡尔顿宫。出版商默里先生已允诺，会先于正式出版三天将其送交摄政王殿下，由您签收。我须借此感谢您，亲爱的先生，非常感激您对我其他作品的高度评价。实在是您谬赞了，它们配不上您的赞誉。我当今最大的困扰就是第四部作品会抹杀前面几部作品的长处。但在这点上，依我本人分析，无论我多么希望《爱玛》获得成功，但有些想法仍在我心头萦绕，久久无法散去，那就是对喜爱《傲慢与偏见》的读者来说，《爱玛》会显得比较无趣，而对喜爱《曼斯菲尔德庄园》的读者来说，《爱玛》这部又缺了些理智。

尽管如此，我还是愿您能好心收下它。默里先生会按照指示也给您送去一本。您在 11 月 16 日的信件中说我有能力刻画您勾勒出的教区长形象，对此我深感荣幸。但我确实无法担此大任。

喜剧部分我可能有些把握，但教区长的优秀品格、热情追求以及文学造诣，我确实无从下笔。这种人说话定是经常涉及科学与哲学，而我对此却一无所知；他们不时会引经据典，而像我这般的女性，仅知晓母语，着实是才疏学浅，实在无从下笔。在我看来，接受过古典教育和广泛涉猎古今英国文学都是成功塑造出您所勾勒的这位教区长应有且不可或缺的。而毫不夸张地说，所有以作家自称的女性中，我可能是最胸无点墨、孤陋寡闻的那一个。

请相信我，亲爱的先生，

您感恩的、忠诚的和谦卑的仆人，

简·奥斯汀[1]

不过克拉克先生并未灰心，他又提出了另一个建议。当时他刚被任命为利奥波德王子的随身教区长和私人英文秘书，利奥波德王子即将迎娶夏洛特公主。克拉克先生再次写信以示摄政王对收到《爱玛》的诚恳谢意。在信中他讲到“描述科堡家族的历史传奇应该会很有意思”，还可以在适当的时候

---

① 简·奥斯汀喜欢把自己说得比公认为的要无知，其实除了母语，她的法语也很好，还会一点意大利语。

题献给利奥波德王子。这建议就像命令威廉·罗斯爵士去画一场大型战争的场面。于是简·奥斯汀郑重其辞地写了如下信件拒绝了这个建议，现在读来还甚是有趣。

查顿，近奥尔顿，1816 年 4 月 1 日

尊敬的先生：

能够收到摄政王的感谢，我深感荣幸，也很感激您对《爱玛》的评价。我自汉斯广场收到了您之前的来信。非常感激您的友好言辞，希望您原谅我以沉默待您，因为我不愿以虚无的感谢侵占您的时间。我打心底祝福您，愿您以满腹才华与文学造诣深得摄政王赏识，也希望您的近期调职是步步高升的阶梯。在我看来，您大量的时间与情感都在为皇室服务而付出，给予您再丰厚的报酬都不为过。

感谢您的热心提点，建议我当下可写些什么。我也完全明白，一部以萨克森·科堡家族为背景的历史传奇定会比我笔下所描绘的乡村居家生活更受欢迎，且获利会更丰。但我写不出传奇故事，就像我写不了叙事史诗一样。若是我真能正襟危坐写一段严谨的历史传奇，那恐怕真的是要命的时候了。要是逼我一直这么严肃，丝毫不去取笑

自己或他人，估计还没完成第一章，我就会自缢而亡。不，我必须坚持风格、坚守自己。尽管我坚持走这条路有可能失败，但若走其他路，我确信自己注定失败。

尊敬的先生，我永远都是您，

万分感激和最真诚的朋友，

J. 奥斯汀

克拉克先生本应想起智者的警示，“不要试图改变河流的走向”。河流应当如何流动，早已天定，若是强行改变，让其流入人工河道，河流原本的优雅美丽则将不复存在。

大河自由流淌，
石子光滑，拍打作响，
亲吻莎草，株株行行。
它一心前行，朝圣远方，
穿越沟壑，不再徜徉，
只为心之向往。

所有创作虚构作品的作家，都须具备超群智慧才可坚守自己的创作道路，独创自己的作品，并抵制住沿途的干扰。没有哪两位作家会像简·奥斯汀和夏洛蒂·勃朗特这般迥然不同，

同为天才的英国女作家，《简·爱》的作者夏洛蒂·勃朗特却并不喜欢简·奥斯汀。

以至于夏洛蒂·勃朗特完全无法领会为何简·奥斯汀会受到追捧，并坦言她本人“绝不会住在简·奥斯汀笔下雅致却压抑的大房子中，同那些绅士淑女们一起生活”。不过，每个作家都会抵制自身的写作风格受其他事物的影响。一位温和的批评者曾在信中提醒夏洛蒂·勃朗特不应过于戏剧化，并冒昧以简·奥斯汀女士作品作为事例，而夏洛蒂·勃朗特这样回信道：

> 无论我何时开始写另一本书，都绝不会存在您所说的“戏剧化”成分。我自己是这样认为的，当然我也无法肯定。我也想过遵从您的意见，借鉴奥斯汀小姐那种“温和的目光”以完成更多更为柔和的作品，但这是我无法把控的。当一部最佳作品，或是至少是写得最流畅的作品问世时，

> 一种力量会被唤醒，并主宰作者——这力量特立独行——作者只能力排众议、坚守己见；选择并坚持使用某种表述——不论方式是激烈抑或是温和，以塑造新的人物，设想意外的情节转折。这种力量抵制既有观念，突然闪现并加以使用新的灵感。难道不是如此吗？我们该忤逆这力量而行吗？我们真有能力对抗吗？[①]

简·奥斯汀用打趣揶揄来回击外界对她写作自由的干涉，夏洛蒂·勃朗特则慷慨陈词，提出了相同的主张。维护自身精神的独立性是每位作家所共有的特点。

对简·奥斯汀来说，她得到的应当写些什么主题的作品的建议，尽管可能派不上用场，但还是给她带来了不少乐趣。其中，她的手稿中就有一篇《依各方意见而成的小说大纲》，建议者的姓名写于手稿空白处，与其所提建议相对照。

> 一位久居尘嚣的教区长选择离世隐居，谋得了副教区长一职，靠着小份家产为生，而他的女儿便是女主角。教区长是有史以来这世上最为优秀的男人，无论性格、脾气还是举止都近乎完美。

---

① 盖斯凯尔太太的《勃朗特小姐传》第二卷，第53页。

他与女儿年复一年相依为命，没有任何缺点或怪癖。女主角亦是完美无缺，闭月羞花又多才多艺。小说以父女的长篇对话为开头，用词优美，语调端庄肃穆。在女儿的再三恳求下，父亲向她讲述了种种往事。

第一卷中父亲的叙述比重很大。内容除了他是如何遇到她的母亲并相爱而后结婚的，还有他的诸多经历。比如受一位身份显赫的皇室人物之命，以教区长身份随军出海；孤身前往宫廷，卷入诸多有趣的事情，并在最后写到他对废除什一税的看法……以此为开端，接下来的故事包含一系列惊心动魄的历险。父亲沉浸于文学，简直是教区长的典范。但他和女儿从未在一个地方待过半个月。因为总有些肆意妄为、冷酷无情的年轻男子疯狂地迷恋上了女主角，死缠烂打地追求她。他们不择手段，教区长只能被迫离职。他带着女儿流离转徙，才到欧洲某一国家安身不久，便又要被迫离开，然后逃到别的地方。途中不断有新认识的人，却又必须分开，这样有利于突显各色人物。场景总会在一群群人中无限变换，但人物绝不混杂。好人在各方面都不可挑剔，而坏人则有诸多缺点，无一不腐化堕落、臭名昭著且毫无人性。

女主角很早就与男主角相识。当然，男主角尽善尽美，只因过于羞涩而未能向女主角表露心意。无论女主角走到哪里，总会有人爱上女主角并向其求婚。而女主角对父亲言听计从，因而也极为恼怒为何每个求婚者都没有先去征询父亲的意见。女主角总是被头号坏人所掳，但总会被父亲或男主角相救。有时迫于生计，女主角还得靠自己的才艺赚取钱财，养活自己与父亲。雇主总是欺骗、剥削她，因而她渐渐瘦骨嶙峋，随时可能因饥饿而死。

最终，父女俩被文明社会所驱逐，甚至连破败不堪的村舍也无法安身，他们不得不搬到堪察加半岛。此时的父亲已是奄奄一息，自觉命不久矣。他瘫在地上，花了四五个小时叮嘱不幸的女儿，又是轻言细语的建议，又是推心置腹的规劝，最后抒发了一下对文学的热爱，顺道批判了一番控制什一税的权贵后，这才撒手人寰。女主角悲痛欲绝，数日后只得跋山涉水辗转回到故土，其间至少二十次落入坏人手中又侥幸逃脱。终于在最后关头，女主角转角躲避坏人时撞入了男主角的臂弯。男主角就此一扫曾束缚他的顾虑，在这关键时刻开始追求女主角。终于圆满结局，皆大欢喜，他们幸福地生活在了一起。在整部著作中，女主角都身处于贵气的上流社会，且为人孤傲。

此部传记初版面世后，阿尔伯马尔街上的默里先生就热心地将下列信件的副本送给了我。这些信件是《爱玛》出版之际简·奥斯汀寄给他父亲的。信件中她的友好态度愈加明显，显示出她很满意于自己的利益受到重视和维护，并很高兴能与一位可以当朋友的出版商合作。

她的哥哥曾给默里先生写信，强烈抗议印刷商的拖沓：

汉斯广场23号，（1815年）11月23日，星期四

先生：

我兄弟上周一寄出的信至今仍杳无音讯，我也不期许我写的这封信能有多大效果。但我确实对印刷商的拖沓表示失望和恼怒。我忍不住来恳求，可以再快一点吗？本来这本书本月底印刷可以完成，但是照现在这个速度，恐怕下月底都很难完工。我十二月初便要离开伦敦，实在是耽搁不得了。难道需要告知他们这书是要呈贡给摄政王的，他们才会加紧完成吗？如果您能促成此事，我定会不胜感激。并且，在此我将兄长向您借的《滑铁卢》送还给您，并代兄长向您致以万分感

谢。我们对司各特有关巴黎的作品已早有耳闻，[①]若是您手头有已经打开的这本书，而且没有答应借给别人，可否借我们拜读一下？您放心，我们定会小心保管的。

您永远惶恐谦卑的伙伴，

J. 奥斯汀

汉斯广场，（1815）年12月11日

尊敬的先生：

我看到广告上说《爱玛》最早将于下周六出版。我想现在应当刻不容缓解决所有未解决的事项了。这么做的话也只会占用您很少的一点时间。

首先，希望您理解，我只是为您列下一些事项，具体事宜全都需您自行决断。您可以依照自己的经验决定，以最快出版该书。只要是您认为最好的，我都全力支持。但是请务必在标题页上注明"《爱玛》，应准题献给摄政王殿下"。我还有个特别的要求，请将该书于正式出版前两三天呈交给摄政王殿下。呈交的书要注明寄给卡尔顿

① 这应该是指《保罗写给家人的信》。

宫的图书管理员J.S.克拉克教区长。我另附一张名单，劳烦您为名单上的每个人都寄一本。寄出时，所有书都无须封装，请在首页写明“作者奉上”。

另外，我将您借给我的这些书奉还，并向您致以诚挚的谢意。我向您保证，您带给我的便利与愉悦，我将始终铭记于心。另外我已寄出修改后的《曼斯菲尔德庄园》，以作二次出版用。对此，我已竭尽所能。我会在汉斯广场一直待到十六号。十六号之后请将信件寄往查顿，奥尔顿，汉普郡。

尊敬的先生，

您忠诚、谦逊的仆人，

J. 奥斯汀

附言：希望您能好心写张便条交由送信人，告知我呈交致摄政王殿下的书哪天能准备好。

汉斯广场，（1815年）12月11日

尊敬的先生：

我对您着实心怀感激，非常高兴所有事情都已计划妥当。至于我对标题页的想法，只是脑中一时兴起的无知想法，我从未注意过题献的位置，在此极为感谢您的指正。我最不希望发生这样的偏差，很感谢有您这样的朋友，帮助我不因自己的大意而出现差错，造成恶劣影响。

尊敬的先生

J. 奥斯汀

查顿，1816 年 4 月 1 日

尊敬的先生：

我将《评论季刊》交还于您，十分感谢。作为《爱玛》的作者，我以为没任何理由抱怨她在本文中所受到的待遇，当然，完全没提《曼斯菲尔德庄园》这一点除外。《爱玛》的读者如此睿智，却认为《曼斯菲尔德庄园》不值一提，对此，我深感遗憾。另外，摄政王殿下收到了包装精美的《爱玛》，还为此向我们表示感谢，相信您听到一定雀跃不已。不论他怎样看待这部作品，您都是功不可没的。

考虑到亨利埃塔街近来发生的变故，我不得不请求您千万要随时与我通信。如果直接寄给我（简·奥斯汀）就更好了，地址为临近奥尔顿的查顿；大体积的包裹则可通过科利尔的南安普敦邮车寄到同样的地址。

尊敬的先生，

您永远的、忠诚的，

J. 奥斯汀

下面是莫利伯爵夫人和《爱玛》作者往来的信件，可能出自同一时期。我不清楚她们私底下是否有交集，也不清楚这种礼节性往来是如何开始的。

以下是莫利伯爵夫人给简·奥斯汀小姐的信：

萨尔特伦，（1815 年）12 月 27 日

女士：

我曾经如此迫切地想要结识“爱玛”，多亏您还记得我，让我能早些时候认识她，得以享受这般阅读乐趣。我对伍德豪斯一家已非常熟悉，他们带给我的快乐绝不亚于贝内特一家、伯特伦一家、诺里斯一家，以及所有惹人喜爱的前辈们。再也没有更美的赞扬可以送给他们了。

夫人，

感激您的，

F. 莫利

以下是简·奥斯汀给莫利伯爵夫人的回信：

1815 年 12 月 31 日

夫人：

非常荣幸能够收到您的短函，并感谢您对《爱玛》的偏爱。目前，我尚不清楚它会不会为大众所接受，因此能这么早就收到高贵的您的肯定，我着实倍感欣喜。这也鼓舞了我，《爱玛》能和之前的作品一样受到广泛好评，让我相信我并没像其他作者那样，作品愈多，品质却愈不入眼。

夫人，

感恩您的、忠诚的仆人，

J. 奥斯汀

第八章　声名缓起初成功

很少有像简·奥斯汀这样的作家，成名之路如此坎坷。后世读者都清楚她现在在文学界的地位。从惠特利主教对其作品的评价，到麦考利勋爵对达尔布莱夫人作品的评论，大家知道了简·奥斯汀为何能跻身一流作家行列，也知晓了为何在人物刻画方面，她被视为最接近大师莎士比亚之人。通过各种权威论断，人们理所当然地承认着她的文学地位。她即便不是顶尖文学大师，但在英国文学中仍占有一席之地。不过，人们可能很难想象，当初她的作品遭受到过多大的冷遇，也几乎没有人能欣赏它们的独到之美。

时而会有朋友或邻居，碰巧知道我们与作者的关系，就会适当礼貌地对《理智与情感》或《傲慢与偏见》表示赞赏。但他们若是知道我们私下将简·奥斯汀与达尔布莱夫人或埃奇沃思小姐，或是现今已名不见经传的同时期作家相提并论，可能就会觉得我们这家人是在痴人说梦，实在可笑。

对大多数人来说，简·奥斯汀的作品枯燥且平淡[①]，文章润色不佳，故事情节不够跌宕起伏，缺乏趣味。后来，我们不时听到愈来愈多的权威人士对她的作品做出了迥然不同的评论，这着实令我们兴奋：一些伟大的政治家或著名诗人能高度赞扬这些作品。这也令我们有理由相信简·奥斯汀的作品能为资深人士所赞赏，并时常以贺拉斯的话语“得到有地位的人赏识就已足够”聊以自慰。一位与我相熟的有识之士[②]，半开玩笑但实际上诚意十足地说到，他内心有个考量人能力的新标准，即看他是否能欣赏奥斯汀小姐的价值。

尽管我们不时收到类似于上述的评价，但在大众品味统

---

① 一位才智更胜于我姑姑的天才也曾被人指责为平庸之辈。在谈到爱丁堡人文科学界是如何低估司各特创作对话的能力时，洛克哈特说：“我认为当前最流行的评价用词就是‘平淡’。”他还补充说，这群人中最杰出的一员却持有不同的观点，当这位先生偶尔从能说会道的青年口中听到他们跟着狭隘的平庸之辈学到的一些模棱两可的信条时，他平静地回答：“我不幸与你们持有不同的观点——依我拙见，沃尔特·司各特的悟性比他的天赋更高妙。”（引自洛克哈特的《司各特的一生》，第四卷第五章）

② 已故的R.H.切尼先生。

名著插画：《傲慢与偏见》

治的普通读者市场来看，简·奥斯汀并未能得到无上的褒奖或丰厚的回报。她所得的回报不像是迅速收获的麦田，而像是生长缓慢的树木，慢慢地开花结果。她首次尝试出版，结果就很不理想。1797 年 11 月，她父亲给卡德尔先生写了下面这封信。

史蒂文顿，靠近奥弗顿，汉普郡

1797 年 11 月 1 日

先生：

我目前有一部小说手稿，共三卷，长度与伯尼小姐的《埃维莉娜》相当。我很清楚，这样的作品首次发表，能得到一位受人景仰的出版商支持至关重要，所以我选择了您。若您可告知是否愿意出版，如果自费出版需多少费用，或是您读过之后满意，又愿支付多少费用来买下这部作品的版权？若您能回复我，我将感激不尽。如果您感兴趣，我会即刻将作品寄给您。

您谦卑的仆人，

乔治·奥斯汀

这一提议居然被回信回绝了！据推算，这部被拒绝的作品多半是《傲慢与偏见》。

《诺桑觉寺》的命运则更为屈辱。它在1803年以十英镑被卖给了一位巴斯的出版商。但这位出版商又觉得作品不入眼，宁愿损失这十英镑也不愿冒险将其出版。《诺桑觉寺》在简·奥斯汀的抽屉中尘封了数年，就和《威弗利》的第一章同一堆旧渔具混杂在一起躺在司各特的柜子中一样。蒂尔尼一家、索普一家和莫兰一家似乎要被永远遗忘了。但后来简·奥斯汀四部作品的成功出版逐渐给了她莫大的信心，她希望收回早期作品的版权。于是，她的一个兄弟开始着手替她谈判，那个出版商则十分乐意收回本钱，放弃所有版权。等到交易完成，钱已付清，这个出版商才知道他所如此冷遇的作品《诺桑觉寺》，正是由《傲慢与偏见》的作者所著。

我认为，简·奥斯汀并不会因为早年受挫而郁郁不得志。她写作只为自娱自乐。能有收入自然为好，但平静的居家生活花销并不大，因而金钱对她来说并不是急需之物。更重要的是她极易得到满足且为人谦逊，也不看重权利。当她卖出《理智与情感》获得一百五十英镑时，她便认为这是一笔巨额收益，因为她觉得写作没有投入金钱。当然，这并不意味着她不知道相较于享有短暂盛名的同时代的一些作家，她自身的功底确实要高些。事实上，从以下两封信件的摘录中，可以看出简·奥斯汀能一针见血地指出文学作品中的荒谬之处，一如她对现实生活中的人们的荒谬同样敏感。

我将C先生的意见已经收入了我的意见簿，但该簿只涉及《曼斯菲尔德庄园》，这样正好有理由将D先生的意见拒绝了。我得尽快模仿《自控》写本小说，重塑一下我在他心中的形象。我会写得比这本书好，我笔下的女主人公可不只会沿着美洲的河流独自顺流而下，她将一人一舟横跨大西洋，直抵格雷夫森德。

我们图书社弄来了一本《罗珊》，这本书和

> 你形容得差不多，写得不错，用语巧妙，但过于冗长。霍金斯太太擅长于严肃题材，其中涉及的一些有关宗教的对话和思考十分亮眼。但对一些轻松的话题，我觉得她落入窠臼，有着诸多谬论。而且，对于爱情，她的女主角情感变化十分荒谬，整个故事情节有太多不切实际之处。你还记得最后才出场的两位奥姆斯登小姐吗？写得过于平淡，也很不自然。克萨特夫人倒还蛮符合我胃口。

《评论季刊》中有两篇评论她作品的文章。一篇发表于1815年10月；另一篇则是在她死后的第三年，1821年1月发表的。据说，后一篇出自惠特利笔下，也就是后来的都柏林大主教[①]。这两篇文章的褒奖程度有所不同，这也显示出作者水平的高低。前一篇给予了些许肯定，而后一篇则抒发了强烈的仰慕之情。前一篇作者的评论水准很难令人满意，评论《理智与情感》时他不谈其中对一众人物的生动描写，反而宣称“作

---

① 洛克哈特曾认为这篇文章是司各特写的，因为其中表达的观点恰好符合司各特一贯的主张，但他后来了解到这篇文章出自惠特利之手。作为《评论季刊》的编辑，他肯定有办法了解到真相（详见洛克哈特的《沃尔特·司各特爵士传》，第五卷，第158页）。我记得，这篇评论刊登出来的时候，在牛津流传着一个说法——这篇评论是惠特利应他未来的妻子之请写的。

品之趣味与价值全在于姐姐的行为”。

而他对《傲慢与偏见》的评论也有失公允。他认为伊丽莎白对达西态度的转变仅是因为看到了他家的房产与基业。但两位评论者最主要的区别在于他们是否欣赏小说中的日常生活与可笑人物的描写。在这一点上，两者的差异几乎上升至针锋相对，就如同报刊中的平行专栏一样，将一些作者或政客相悖的观点列出，直接呈现给大众。

1815 年的评论写道：

> 这些作品不足之处就在于作者有心而叙之的琐碎细节，且人物性格不是愚蠢搞笑就是头脑简单，例如老伍德豪斯和贝茨小姐，他们的首次出场十分荒唐可笑，但若是花太多笔墨来描写他们的出场，他们在小说中就会像在现实中一样令人厌烦。

1821 年的评论却恰恰相反，它把这些角色挑出来，将其作为作者能力的独特写照。并且该评论认为，在刻画人物方面，作者所表现出的天赋连莎士比亚本人都很难逾越。以下是原话：

> 就像他（莎士比亚）一样，她刻画愚钝之人和精明之人的能力令人艳羡，属于同辈中的佼佼

者。想要创作一段机智而诙谐的对话，要求作者本身智慧超群。但反过来却不同。诸多人胜在描写出众的人物，但面对那些为呈现真实生活而必不可少的配角，却无能为力。他们所描绘的傻不过是抽象概念，他们难以发现其实一叶之上的虫豸也差异很大，在经验丰富的博物学家眼中，它们的差异就如同老虎与大象一样大。莎士比亚笔下的斯兰德、夏禄和艾古契克虽然都是傻瓜，但他们之间的区别和理查德、麦克白和恺撒彼此之间一样迥异。而奥斯汀小姐[1]笔下的贝内特太太、拉什沃思先生和贝茨小姐之间的差别，就同达西、奈特利和埃德蒙·伯特伦之间一般，各不相同。

有人抱怨说她笔下的傻瓜都太过真实，引人生厌。品味问题在此不论，我们所能讲的就是，上述批评者（不论他们是否表面上接受公认观点）肯定认为《温莎的风流娘们》和《第十二夜》也令人心生厌倦。而那些懂得欣赏威尔基或荷兰画派的人肯定会承认绝妙的模仿会为现实生活中无趣、讨人厌的人物增添别样的吸引力。还有人们

---

① 在誊写原文的时候，我冒昧地自行把原文中她名字缺失的“e”字给补上了。

批评她过度细致入微，但即使读起来会略显得沉闷，我们也不清楚这是否可被称为瑕疵。要知道，这些细节往往是一部杰作所必不可少的成分。若没有细节，读者就无从了解这些角色，更不可能对他们产生兴趣。

就像让一个人从《伊利亚特》或者莎士比亚的戏剧中删除无关紧要或乏味的片段（我们也无法确定哪些部分较好，姑且就摒弃全部），他就会发现，剩下的部分将不及原著一半的魅力。我们相信，一些作家会竭力避免任何废话，从不涉及没有独立价值的内容。就像一些人，他们自以为树叶没有用处，于是就将果树的树叶全部摘掉，但实际上树叶却保证了果实的营养。若是没有树叶，那么果实不可能真正地成熟，味道也不会诱人。

我认为，后一位评述者的想法已得到了普遍认同，但要完全对两者的分歧下个定论，摒弃前一位评论者的观点，也着实有失公平。实际上，两篇评论相隔的五年间，简·奥斯汀的作品已为文学大师接受且反复阅读。大众品味自身在不断改变，并“通过作品的滋养而成长”。简·奥斯汀的这些小说经过了反复阅读和推敲，成了能够保留下来的经典。当时两位评论者的评论，可能也都合理地代表了各自所属时期的主流观点。

自那以来，支持简·奥斯汀著作的言论与日俱增，且均为好评。这些作品通常被当作范例引用，同时也没有失去最初所得到的认可，而这些认可也为有识之士所接纳。在下一章中，我着重收集了一些权威人士对简·奥斯汀的赞美之词。

第九章　作品评价自纷繁

从众多支持姑姑的仰慕者之中，我将挑选出一些众所周知的权威人士来。毋庸置疑，像这样的仰慕者亦会越来越多。

骚塞曾在一封给埃杰顿·布里奇斯爵士的信件中写道：

> 您提到了奥斯汀小姐，就我看来，她的小说字里行间所流露出的情感细腻真实，远超同辈其他作家。我常听人提及她，也对她十分赞赏。只是非常遗憾未能见到她本人，好当面表达我的崇敬之情。

可以看出，骚塞可能从他的亲人那里，对简·奥斯汀独特的个人魅力有所耳闻。简·奥斯汀的一位朋友，曾住在贝辛斯托克附近的曼唐尼庄园的比格·威瑟先生的女儿，后来嫁给了骚塞的叔叔——教区长赫伯特·希尔。骚塞从这位叔叔身上获益颇多，尤其从他那里习得了大量西班牙和葡萄牙文学方面的知识。希尔先生曾在里斯本的贸易基地担任教区长，骚塞常去那里探望他，阅读他收藏的各类书籍。一提起这位叔叔，骚塞常满怀感激和崇敬。

诗人S.T.柯勒律治也曾高度评价奥斯汀女士的小说，称其为：

> 独树一帜，极具智慧和个性的作品。

我曾记得米特福德小姐曾这样对我说：

> 如果我砍掉一只手，只剩一只，就能拥有像你姑姑同样的文笔，那我宁愿舍弃这只手。

J.麦金托什爵士的传记作者曾说道：

> 奥斯汀小姐笔下那些人物特征刻画得如此细致，深深地震撼了爵士的心灵……他说她有

> 一种创造新颖小说的天赋……他严厉批评《爱丁堡评论》没有给予她应得的重视[①]，让人们认识到她……相较而言，《评论季刊》则更为公正些……一个外国人是不可能真正理解她作品的价值的。他曾向德·斯戴尔夫人推荐过简·奥斯汀的一部小说，但她丝毫不感兴趣，还回复称这部小说“平平无奇”。但也没有比他反驳得更精辟的了：“除了这书，别的什么书都可以评价为平平无奇。”……任何一个村庄都能为奥斯汀小姐提供写作素材。她不依赖一般小说中所必需的强烈的情感和惊险的情节。[②]

但是，外国人也并非完全不能欣赏她的作品。基佐就曾写道：

> 我是个小说迷，但我很少读德语或法语小说，里面的角色都塑造得过于造作。我喜爱读英语小说，尤其是女作家写的。“这是一个全新的道德训诫的载体”。奥斯汀小姐、费里尔小姐以及其他女

① 顺带说一下，麦考利勋爵士在一篇发表于《爱丁堡评论》上的对达布尔莱夫人作品的评论中，对简·奥斯汀作了高度赞赏。

② 《J. 麦金托什爵士传》，第二卷，第 472 页。

性作家自成一派，她们的作品上乘且数量众多，
堪比古雅典时期的桂冠诗人。

1825年的《纪念文选》上刊登了如下文字，由莫佩思勋爵所著，也就是后来的卡莱尔伯爵七世，曾任爱尔兰总督。这段文字旁还配了一幅插画，画的是一位女士正在阅读小说。

你心跳怦怦，是因英齐伯德的篇章振奋，
还是因布朗顿的道德高尚，或是奥佩的悲痛深沉？
谁的温柔陪伴占据了你的心门，
特里维廉的高雅艺术，还是卡罗的阴郁篇章？
或者是你，简·奥斯汀，完美女神？
令这简陋花圈装饰那过早承载您的棺椁，
心意微小，只愿表达谦逊的问候声，
以证您的声名依旧芳芬！
噢，贝内特太太，诺里斯夫人！
记忆长存，与您梦中相认。
伍德豪斯先生，节制嘴不伸，
稀粥，却不能太稀，他小口小口吞。
贝茨小姐，我之偶像，虽引得邻里愤，

还有那埃尔顿太太，热衷探问。

你的文采流淌自然，全无虚饰；

下笔无瑕纯粹，思维超群而过人。

若是哪位姐妹能靠近您的冠冕，

那自当是承袭了您的精神。

若是麦考利勋爵寿命再长些，可能就会把对简·奥斯汀的推崇付诸行动。我曾从他姐姐特里维廉夫人那里听说，他曾打算做我现在做的这件事。他原本计划为奥斯汀小姐写部传记，附上对她作品的评论，将小说再版，把评论附于前言。他还想将所得收益在温彻斯特大教堂树立一座纪念碑以纪念她。噢，要是这想法能够实现就好了！其实麦考利勋爵只需完成著书立传这一部分就足够了。由他亲笔写下的传记，这本身就是一座丰碑。

经亨利·霍兰德爵士的好意应允，我从他已付印但尚未出版的回忆录中，引用了如下片段：

我仍有印象：霍兰德勋爵身患中风躺在床上，而他值得称颂的妹妹福克斯小姐则坐在一旁，同往常一样为他大声朗读奥斯汀小姐的小说，他永远不会厌烦。我还记得这些迷人小说风格幽默，十分独特，一经问世便风靡一时。只可惜，它们的作者已故去，无法见证自己的声名大振了。

我的姐夫，丹尼斯·勒·马钱特爵士，向我提供了下面这些出自他个人回忆录的逸事：

> 我在剑桥圣三一学院念书时，院长休厄尔先生当时还是教员，他常与我讲他十分赞赏奥斯汀小姐的小说。一次我说《劝导》很枯燥，他便大为光火，坚持认为这本书是她最好的一部作品。这位卓有成就的哲学家广读各类小说。我还记得他在卡那封给我写的信，当时他在那里教几位学生，信中写道，他已经通读了流通图书馆的书，已经在那里待腻了。
>
> 1846年，我到伯伍德拜访兰斯当勋爵，曾谈起奥斯汀小姐的一本小说，我们都对其赞赏有加。尤其是兰斯当勋爵，他说回顾这一辈子，他最为遗憾的就是奥斯汀小姐曾在他邻居家住过几周，而他却对此一无所知。
>
> 我还不止一次听说，悉尼·史密斯（《爱丁堡评论》的创办人之一）滔滔不绝地高度评价奥斯汀小姐的小说。他告诉我，要是简·奥斯汀能看到他在《爱丁堡评论》中对她的大声颂扬就太

好了。他表示，范尼·普莱斯（《诺桑觉寺》女主角）是他非常喜欢的人物之一。

罗列以上力证以后，我将引用沃尔特·司各特的评论来结束这篇“名家系列”。以下内容出自爵士在 1826 年 3 月 14 日写的日记[①]：

> 重读奥斯汀小姐的佳作《傲慢与偏见》，这至少是第三遍了。这位年轻女士天赋异禀，能将普通生活中的关系、情感和人物刻画得十分细腻。在这方面，她是我所遇到的最为优秀的作家。和当下作家一样，我也能为人物设计紧张刺激的情节。但是能通过细腻的笔触，以真实的描述和情感，使得普通的人物、事物能饶有趣味，我着实是能力不足。这位才女如此早逝，实在是天妒英才啊！

司各特一家常读简·奥斯汀的作品集，从他们收藏的古旧书籍便可见一斑。司各特死后数年，我曾拜访阿伯茨福德。那时，我的确三生有幸，获允从他收藏的奥斯汀作品集中带

---

① 洛克哈特的《司各特传》，第六卷第七章。

走一本留作纪念。我无可抑制地幻想，若是姑姑能活到现在，知晓这些大人物如何赏识她的才华，又如何想要与她结交，就好了。我并不觉得这会有损于她单纯谦逊的个性，也不认为只因在文学界中大放异彩，她就不再是我们亲爱的简姑姑了。

如果将名家们的言论与其他普通读者的意见做个对比，也是极为有趣的。作者本人曾一度对收集评论颇感兴趣，并留下了一份清单。清单中多是些暖心的赞扬之辞，但其中也夹杂着一些令人目瞪口呆的观点。

一位女士曾说道，《曼斯菲尔德庄园》不见得有何长处，“不过是本小说而已”。

另一位女士则坦言，《理智与情感》和《傲慢与偏见》简直是一派胡言。她本希望《曼斯菲尔德庄园》会好些，结果刚读完第一章，就希望后面别比这更糟了。

另一位也不喜爱《曼斯菲尔德庄园》，不仅觉得故事中的人物无趣，还觉得语言也匮乏。

一位先生读了《爱玛》的首章和最后一章，就不再继续读下去，他认为其平淡无奇。

“众口难调。”

简·奥斯汀去世三十五年后，赞扬声从大西洋彼岸传来。1853 年，她的哥哥弗朗西斯·奥斯汀爵士收到了下面这封信：

美国马萨诸塞州波士顿，1852 年 1 月 6 日

自有权威评论称，简·奥斯汀在人物塑造方面仅次于莎士比亚，大西洋彼岸的人们对她的仰慕也喷涌而出。她的家人或许会有兴趣得知，她的才智已得到美利坚合众国的推崇，推崇者中还包括司法界最高权威人士、已故的美国最高法院首席大法官马歇尔先生，以及他的陪审法官斯托里先生。他们曾高度评价和赞扬简·奥斯汀，并引导我们进入她的世界。多少年以来，她的智慧照耀着我们的日常生活，她的姓名和笔下的人物已众人皆知。我们早就期盼能向她的家里人表达对她的感激之情与喜爱，并请求能够更加了解她，而不是仅仅通过作品前言所附的简介来认识她。

我们偶然知道简·奥斯汀的一位兄弟在英国海军身居要职。恰巧我有一位朋友沃姆利将军，他也是海军，现居于波士顿，从他那里，我们得到了这个通信地址。我相信她的亲属会如她笔下的海军上将一般，满怀善意、彬彬有礼地接纳我们的诚心诚意。若弗朗西斯·奥斯汀先生或是任何一位亲属能满足这一请求，我们将无比感激。若是能得到简·奥斯汀女士的签名或是几行她的手迹，于我们都是如获珍宝。

如此喜爱简·奥斯汀，并提出这请求的一家人，现住在英格兰。他们的祖先在最早到新英格兰的移民中享有极高的声誉。这一家族的后人亦不负先辈遗志，于各公共机构中身居要职，在现在的殖民地，特别是马萨诸塞州颇负盛名。您可将回信寄予昆西小姐，马萨诸塞州波士顿的乔塞亚·昆西阁下会帮忙转交送达。

弗朗西斯·奥斯汀先生恰当地回复了这封信，并送出了一封简·奥斯汀的长信。毫无疑问，昆西家族至今还珍藏着这封信。

第十章　纵观小说大致览

写这部传记，并非是为了评价简·奥斯汀的小说。即使提到相关内容，也只是为了展示她的个人生活。但现在我想要对她的作品提些观点，尤其是岁月将我磨砺为一名忠实的见证者——见证简·奥斯汀的作品是否真实再现了十九世纪初那些绅士阶层的观念和行为。她的小说确实忠实地再现了这一点，正因如此，她时常被指责——这些作品从未粉饰人们的生活，只是将事实原原本本地呈现。这些作品并不为支持某种学说，也不为灌输特定伦理道德，但它们通过对现实生活的观察，总结出了崇高的道德理念——崇高的原则高于卑劣，高尚的灵魂优于庸俗。

这些作品就像照片一样，任何特征都不会被削弱，也不存在完美主义，一切都是不加修饰的本色呈现；随着时间的推移逐渐改变社会面貌，这种忠实再现的价值也会越来越高。她刻画的教区长形象就是一个很好的例子。简·奥斯汀的父亲和兄弟都是教区长，显然他们都不是教区长中的底层：她笔下的三位男主角都从事该职业。但现在没有读者会认为埃德蒙·伯特伦和亨利·蒂尔尼对教区长的职责有足够的了解。然而当时，这却是受人景仰、坚守职责的教区长所普遍具备的观念和修养。直到后来，神职人员的思想被外界所影响，先是受到福音派教义的影响，又在十九世纪见证了高教会派运动，他们的精神境界愈发得到了提高。回首这一标志性历史事件，英国应当庆幸，因为自此之后，这个国家取得了进步而不是倒退。

从 1798 年完成《诺桑觉寺》，到 1811 年开始创作《曼斯菲尔德庄园》，这期间简·奥斯汀的创作曾中断了很长一段时间。这或许能充分解释为何她早期创作的三部作品与后来创作的三部作品风格迥异。若说早期作品展现了她的原创天赋，那么后面三部作品则瑕疵更少，更为精雕细琢。虽然约翰·达什伍德一家，柯林斯先生和索普一家，这些鲜活的人物形象跃然纸上，难以逾越，但我认为，简·奥斯汀的后三部作品情趣更为高雅，是非判断力更强，更为细致深入地剖析了人的内心世界。前三部和后三部作品的差别，就像是刚展露才情的少女与成熟的女性之间的差别。不像那些作品泛滥的作家，简·奥斯汀的作品较少，但可以肯定的是，若她在查顿时没有重新提笔写作，她赢得的声誉将更为有限，并经不住考验。

有些人猜测简·奥斯汀作品中的人物是以熟人为原型而刻画的，因为他们太栩栩如生了，就像真的存在一样，她不过是把他们从现实中转移到了作品里。但是这种猜测未免低估了天才的特质，天才完全可以凭借想象创造出真实可信的人物形象。此外，人们似乎也没认清，忠实再现和拙劣模仿之间的差别。

事实上，作家和画家一样，只能利用存在的事实或观察到的事物进行创作，否则创造出的将是怪物，而非人类。但是真正的艺术家能将现实存在的特征进行糅合重塑，然后注入新的生命力，赋予它们独特个性，从而让它们服务于自己。如此一来，这种创作虽然来源于现实，却又与艺术家眼见的现实不同。正如蜂蜜来源于蜜蜂在现实中采集的花粉，却完全不是花粉原本的味道，而是经过蜜蜂加工转化成的另一种产物。同样对画家来说，原创绘画的地位总是高于肖像画的。

雷诺兹创作的《悲喜剧》可以与加里克的舞台表演相媲美，他在其中所展现出的才能，比他为加里克画一幅肖像的要高得多。同样的差异也体现在莎士比亚和其他创作天才的原创构思与生搬硬套地机械复制现实人物的差别上面，作为后者米特福德女士精心刻画的"喋喋不休的绅士"就是一例。尚且不论简·奥斯汀的创作能力达到了哪个层次，但显然她的层次更高。她从不照搬，而是赋予人物鲜明迥异的个性。

《评论季刊》上的一位评论者谈到了自己的一个熟人，自《傲慢与偏见》出版后就被朋友们称为贝内特先生，但简·奥斯汀与他并不相识。简·奥斯汀自己的亲友从未在她创作的角色中认出任何熟人。我倒还记得她的几位熟人，性格、怪癖非常显眼，倒也易于刻画，但在简·奥斯汀的作品里却不见踪迹。当朋友问及时，简·奥斯汀表示她很害怕所谓的“侵犯社交礼仪”。她说尽管观察人们的怪癖和缺点十分有趣，但她更乐于创造而非照搬。她还说“我为我创造的绅士们感到骄傲，但绝不承认他们是 A 先生或 B 上校”。不过简·奥斯汀并不认为她创造的角色比现实中的人物更优秀，因为当谈及她最喜爱的两个角色埃德蒙·伯特伦和奈特利先生时，她说“他们与我在现实生活中认识的绅士相比还有差距”。

简·奥斯汀对自己创造的人物常怀慈母般的怜爱，即便作品完成之后，她也不会将他们抛之脑后。她对达西和伊丽莎白的喜爱，我们从她的信中就可见一斑。还有一次，她送给朋友一本《爱玛》，当时这位朋友的女儿刚出生，她这样写道：“相信你会很高兴见到我的‘爱玛’，就像我也很高兴见到你的杰迈玛。”她很喜欢《爱玛》，但不指望所有人都喜欢。因为她在刚创作这部作品的时候就说：“我打算刻画一位不讨喜的女主角，除了我没什么人会喜欢她。”

当被问起时，简·奥斯汀会透露些书中角色命运走向的小细节。通过这种方式我们知晓了斯蒂尔小姐始终未能讨得博士的欢心，基蒂·贝内特心满意足地嫁给了住在彭伯利附近的一名教区长，而玛丽最后仅仅嫁给了她舅舅菲利普手下的职员，但玛丽受到了梅里顿人们众星捧月般的欢迎，对此她甚是满意。诺里斯太太给威廉·普莱斯的“一笔可观的钱”只有一英镑。爱玛结婚之后，伍德豪斯先生依然活着，伍德豪斯先生又让爱玛和奈特利先生陪伴了他两年，才让他们搬回当维尔。弗兰克·丘吉尔在猜词游戏中摆给简·费尔法克斯猜的单词，后来被她打乱而未被看到的，其中就有“原谅”这个词。关于《诺桑觉寺》和《劝导》里的好人们，我们知道的就仅限于书中提到的内容，因这两部作品出版之前，作者便已去世，这些有趣的信息我们再也无从得知了。

第十一章 巨匠逝世惹人叹

1816年年初，家中突发的变故扰乱了简·奥斯汀向来平静的生活，很可能在那个时候，她就已身患不适了，而这病最终竟成了不治之症。那年春天，她拜访了一些疏于往来的朋友①，他们察觉到她的身体愈发差了。他们还发现她重游了一些故地，以一种特别的方式回忆往事，就仿佛是再也无法与他们相见了。这丝毫不奇怪，从那段时期她写给大家的一些书信中可以看出，她的语气一反常态，变得凝重伤感，字里行间透露出她对命运的顺从，乐观积极已不再。

在给弟弟查尔斯的一封信中，她提到了她的病情。她说

① 福尔一家，住在伯克郡的金伯瑞。

因为突发胆汁热，一直卧病在床。她在信中这样写道：“现在我住在楼上，得到了悉心的照料。我现在恐怕是家里最愚笨的一个，可谁让我生病了，精神不济呢，我也无可奈何。”在给另一个人的信中，她又写道：“我都快忍不住要抱怨了，虽然这是上帝的安排，但想必有其他缘由。”不过情绪波动之后，她很快又恢复了平静。1816 年的后半年，她给她的侄子写了两封信，语调轻松活泼。第一封是他还在温彻斯特的学校就读时她写给他的，另一封写于他刚离开学校不久：

查顿，1816 年 7 月 9 日

我亲爱的 E：

非常感谢你的来信，同时也感谢 W. 迪格维德先生能前来拜访。我们一直盼望着你母亲的消息，得知她一直在好转，我们都很高兴。不过她这次确实病得太重了。待她完全康复后，应该换个环境，不如来我们这儿小住几日。请转告你的父亲，很感谢他与我分享你的信件，我也衷心希望你的母亲经过疗养能够痊愈。还好现在这糟糕的天气让人根本不想出门，她也不必因困身室内而感到遗憾。这坏天气持续得太久了，简直让人难以忍受，我实在怀疑到底还能不能放晴了。据说一个人在信中提到天气，信送达之前，天儿就会彻底变个样儿，希望这次也能奏效，这也是我耍的一个小把戏。这样当W. 迪格维德先生明天到达史蒂文顿时，他会发现你已经沐浴在晴朗温暖的好天气下了。

现在我们这里人很少，就只有奶奶、玛丽·简和我。其他人昨天就乘坐约尔登的马车离开了。很高兴你还记得告诉我你回家了[①]。你之前一直未提及回家的事，我还忧心忡忡了好一阵。我很担心，你是不是生了重病，终日卧床，不得不在温彻斯特停留，甚至连笔都握不住，所以就只是在信中写上发自史蒂文顿，编造善意的谎言来蒙骗我。不过现在我确信你已回家，若不是这样，你绝不会如此郑重其事地告诉我。昨天早晨，我们看到许多驿马车从外经过，里面都是些男孩子[②]——载满了未来的英雄、议员、笨蛋和恶棍。上次的信，你还没有所表示呢，那可是我一大早就赶着寄出去的。我可不接受这种怠慢。当然你还不能来看望我们，我们也不指望你了。你母亲得要先好起来，而你还得去趟牛津，这你没得选择。之后再换个环境可能会好些，希望你的医生能建议你去海边，或者一幢挨着大池

---

① 看起来是她年轻的通信者标注了他的信发自家中，又在信里赘述他到家了，因此遭到嘲弄。

② 这是那条许多温彻斯特学校的男孩回家要经过查顿小屋的路。

塘的房子[1]。

噢！又下雨了。雨水又拍打在窗户上。今天玛丽·简和我已经被雨淋透一次了。我们原本打算今天乘坐驴车去法灵顿，看看伍尔斯先生园林改造的进展，才走到半路就不得不掉头，尽管如此，在回家的路上，我们还是被瓢泼大雨浇了一路。后来我们见到了伍尔斯先生，我说这天气太糟了，草根本晒不干。他安慰我那算不得什么，小麦才真是遭了殃。我们听说S太太没有离开丹吉尔，这是为什么呢？还有你知道吗，我们家的布朗宁走了，等你来的时候可能会见到威廉。他是个英俊、彬彬有礼又安静的小伙子，看上去还挺勤快。先写到这里吧，我敢说W.D先生[2]看到我写了这么多，他一定会很惊讶的。纸这么薄，就是不读都知道我写了几行字。

爱你的，

简·奥斯汀

---

① 在温彻斯特和戈斯波特的交会处，有一个紧挨着查顿小屋的池塘，现在已经消失了。

② 迪格维德先生为查顿派送信件，他在史蒂文顿租了一幢老宅和一大片农场。

在另一封信里，可以看到她是如何描述她自己的写作风格的。这样的描述在《诺桑觉寺》和《劝导》的前言中也出现过。

查顿，1816年12月16日，星期一

我亲爱的E:

现下能给你写这封信，可能源于我有幸能给你些指导吧。你既已离开温彻斯特，我便为你来增添一丝乐趣。现在你该承认在那里过得有多糟了吧！往事会一一浮上水面，你犯的错和你遭的罪——有多少次你搭乘邮车去伦敦，在一个小旅馆挥霍掉五十基尼，又有多少次你几乎要把自己逼上绝路。要不是像被人恶意诽谤的老温顿一样，在伦敦方圆几英里都找不着一棵像样的树，没准你早就自己吊死了。今天早上大约九点，查尔斯·奈特和他的同伴经过了查顿，比往常稍晚。亨利叔叔和我瞥见了他英俊的脸庞，他整个人看起来健康又俏皮。

我在想你什么时候才能来看望我们。不过我知道最好还是想想就行了，也最好别再多说什么。我们觉得亨利叔叔现今的状态很不错了。就算以前没见过，你现在见到他，肯定也会这么想。此外，我们都很欣慰，查尔斯叔叔身体有所好转，不论是精神还是脸色都好多了。他们都非常和蔼可亲，尽管性格不尽相同，不过很合得来。这次来访也着实让人愉快。亨利叔叔写得一手一流的布道文，咱俩一定要弄来一两篇，把它们用在小说里，那差不多就算得上一个章节了。我们可以让我们的女主角在星期天的晚上大声地朗读这些布道文，就像《古董家》里的伊莎贝拉·沃德在圣路得的废墟上朗读《哈茨·德蒙的历史》，不过想了想，洛弗尔才是那个朗读者吧。

顺便说一下，亲爱的E，我很惦记母亲在信里提到的损失——丢失两章半的手稿，这太恐怖了！幸好我最近没到史蒂文顿，不然还得怀疑是我偷拿了呢。两章半的内容，对我来说帮助得有多大呀，就像鸟儿筑巢时需要两根半粗壮的树枝。不过，偷来的文章对我来说，也不一定真的有用。这文章我又能如何运用呢？你的文笔苍劲有力、大气磅礴又充满力量；而我却喜欢着眼于细处，就像用精细的刻笔在两英寸的象牙板上精雕细琢，绞尽脑汁也写不出什么好东西来。我又如何能把你的文章嵌进我的作品中呢？

亨利叔叔会告诉你安娜的近况，她似乎已完

全康复。星期六本来过我们这儿，还邀请查尔斯叔叔和我明天与他们一起吃饭，但我不得不推辞了，我的身体受不了远行（其他都好），再者，这个季节也不适合乘驴车出行。我们也不想让查尔斯叔叔一个人去逍遥，所以他也推辞掉了。

星期二，啊，哈！E先生，我猜你今天在史蒂文顿见不到亨利叔叔了。这样糟糕的天气，就别指望了。请替我转告你的父亲，他寄来的腌黄瓜太好吃了，卡桑德拉姑姑和我都很喜欢。再告诉他——“告诉他所有你能想到的”。不，还是不要这样说了，就告诉你父亲，如果方便的话，奶奶让他想办法让约瑟夫·霍尔把房租付了。

你可别厌烦我一直唠叨叔叔们的事，关于他们的事我还没说完呢。查尔斯叔叔很感谢你母亲的来信，也很高兴知道你母亲十分喜欢他寄来的包裹。他还希望你母亲能替他给斯特普尔斯太太的三先令，也好还清他的账，这样他会不胜感激。

再见了，亲爱的！希望卡罗琳能够善待你。

爱你的，

简·奥斯汀

我不清楚，她到何时才发觉自身病情严重。感谢上帝垂怜，她没有遭受过多的折磨，因此她还能在前文的信中说，除了身体乏力，“其他一切都好”，也许她也时常这么安慰自己。但是，随着年岁的增长，她的身体每况愈下。起初她不得不缩短她散步的距离，后来便不再散步，只得乘坐驴车出去透透气。渐渐地，她每天在房间里的日常活动也减少了，她不得不长时间卧床。起居室里只有一张沙发，通常是她七十多岁的母亲在用。即使母亲不在房间，简也没用过。她用两三张椅子给自己拼凑了一张长椅，还欢呼雀跃地说，这比沙发还舒服。她为什么要这么做，本来只能揣测，但她的小侄女偏要问到底，她拗不过才解释道，如果她表现出想用那个沙发，母亲就会为此多虑，可老人家还是坐沙发更好。

可以确定的是，虽然她的身体日渐衰弱，但她的思维依旧清晰活跃。到 1816 年的 8 月中旬，她还没有停止对《劝导》一书的撰写。这无疑证明，她作为作家的判断力和创造力从未因身体原因而削弱。这本书原本 7 月就写完了，书中男女主角以出乎预料的方式重归于好，故事设定在克罗夫特将军在巴斯的寓所。不过她对这个故事的结局并不满意，她觉得它平淡无奇、毫无新意，希望可以写出更好的版本。这事压在她心底，对已经虚弱不堪的身体来说，更是沉重的负担。她不得不放弃，只能选择入眠，因此心情十分低落抑郁。但是她天生乐观，很快就摆脱了这种状态。

第二天一早醒来，她又振作起精神，灵感突现，判断力复苏，想象力重回。她删除了不满意的那一章，又写了另外完全不同的两章。如此一来，我们才读到了默斯格罗夫一家去巴斯的情节，一群人在白哈特酒店里闹哄哄又生机勃勃的场面；还有哈维尔上校和安妮·埃利奥特之间那场精妙的谈话，温特沃斯上尉在一旁无意听到，由此两个坚贞笃定的爱人才终于明白了彼此的心意。

后来出版上市的《劝导》，其中的第十章和第十一章是她献给读者的最后创作，而这不是本书的最后一章。可能有人认为这两章发挥出了她创作的最高水平，如果没有设置这个别出心裁的大团圆结局来画龙点睛，我们就不会看到善良又带着孩子气的查尔斯·默斯格罗夫，还有他善妒又自私的妻子等如此生动的形象了。被删除的那一章保留在她的手稿上，它肯定不如后来写的这两章，但即便如此，有些作者和读者应该还是会乐意读一读。这一章给读者带来的触动，其他作品鲜能企及，不能发表也着实是一大遗憾。[1]

下面这封信是简·奥斯汀写给朋友比格小姐的。那时比格小姐和她的姐姐正住在斯特里默姆，她的姐姐是赫伯特·希尔教区长的妻子，赫伯特·希尔则是罗伯特·骚塞的叔叔。推算起来，这封信可能写于她开始创作最后一部作

① 应各方读者的请求，被删去的一章现在也发表了。

品的3天前。这部作品后面再谈。从这封信来看，那时她还未意识到自己病情有多严重。

查顿，1817年1月24日

亲爱的阿莱西娅：

我觉得该给你写信了，虽然我觉得应是你先写给我的。我希望在斯特里默姆的人都还安好，没有人被洪水卷走，也未因潮湿染上风湿病。你知道的，只有温暖明媚的天气才能让我们身心舒畅。尽管我们这里有很多池塘，还有一条清澈的小溪蜿蜒流过马路对面的草地，但这些美景不过是增添谈资罢了。这个冬天我的身体恢复得很好，肯定很快就能康复。较之以往，我更了解自己的身体状况，我会多加注意，以免复发。我相信病根还是在胆汁上，这样一来，我能注意如何更好地调养。听到我这样说，想必你很高兴吧！

最近两天爱德华来拜访了我们，他提到他父亲的身体好多了。他都能来看望我们，说明他的父亲已经不需要照料了。这算是个好消息吧！他又长高了，而且更英俊了，至少越发喜爱他的姑姑们都这么看。他小时候性格就温和热心，现在长成了一个年轻的绅士，还是一样讨人喜欢。我曾努力劝说他应该和威廉[①]保持联系，不过却没什么用……这个季节不适合乘驴车出游。所以我们家的驴已赋闲在家很久，我猜我们下次用到的时候，它们都该忘记怎么拉车了。而且一下子也用不了两头驴，如此浪费，无法想象……

我们家的新教区长[②]马上就要到了，应该能在星期天及时赶到，协助帕皮永先生。第一场布道结束时，我可能会高兴疯的。尽管我们听说他很是轻松，好似早已习惯了这种场面，但对我们这些听众而言，依然是紧张难熬的一个小时。我们知道，在斯特里默姆或是温彻斯特不可能遇到你，你会走另一条路，再拜访两三家人；不过，若情况有变，我们多么盼望你来……

我们最近读了《诗人的滑铁卢朝圣路》，总的来说十分赞赏。你也知道，没有什么能令所有人满意，但是比起作者以前的作品，我更为欣赏这本书中的内容。序言，我记得他称之为开场白——

---

① 比格太太的侄子，现在是赫斯利的威廉·希斯科特爵士。

② 她的哥哥亨利晚年才被授予圣职。

写得很美。可怜的人！他写到他失去天真可爱的孩子时，如此满怀悲痛，无人不为之动容。他从悲痛中走出来了吗？希尔夫妇知道他的近况吗？

爱你的，

J. 奥斯汀

其实写这封信的真正目的是想问你要个配方，不过出于礼貌，还是不应过早表明另有所图。我们还记得曼尼唐庄园里那些由塞维利亚橘子酿制出的绝佳的橘子酒。如果你能在这几周内帮我找到配方，我实为感激。

1 月 23 日，就在写信给比格小姐这一天前，她用同样乐观的语气给她侄儿写了一封信。

我感觉自己身体正在一天天变得强壮，我几乎能自己走到奥尔顿，或是走回来，也不觉得累。希望到夏天时，我能轻松走个来回。

唉！怎奈夏天来临时，她却躺在病床上，气若游丝。3 月 17 日是她在手稿中写下的最后一个日期。就像一个溺亡的人，怀表定格在溺毙的那一刻。自这时，她的时间也定格了，思维再也无法同往常那样运转。

在此，我引用了她侄女的一段私人记录。我本人着实给不出更好的表述，也非常感谢她对姑姑生活点滴的记录和性格的描写。

> 我不知道她的病情是什么时候开始恶化的。直到三月我才意识到她病得有多严重。我之前就决定在三月底或是四月初一个人去查顿住上几天，我父母不陪我去，他们要帮助利·佩罗特夫人料理她丈夫的后事。但是简姑姑病得太严重了，不能再留我做客，于是我便去了住在怀尔茨的姐姐勒弗罗伊太太家。第二天我们一起步行到查顿去看望姑姑。她只能在房间里卧床休息，但她说想见见我们，于是我们上楼去看她。
>
> 她穿着晨衣，安静地坐在手扶椅上，像是重病缠身的病人。但是她依然站起来问候我们，然后指了指在火炉旁给我们安排的座位说："那张椅子是给已婚女士坐的，卡罗琳，你就坐小凳子吧。"[①] 说来奇怪，这些只言片语竟成了我记忆中的最后印象，之后她们说了什么，我已记不得了。

---

① 那时这篇文章的作者还不到 12 岁。

她的变化令我震惊，她的脸色越发苍白，声音也变得微弱而低沉，她整个人显得虚弱不堪。但是她从未说过自己十分痛苦。她已经没有力气说话了，我们只在房间里停留了片刻，卡桑德拉姑姑很快就将我们带走了。我感觉我们驻留了还不到一刻钟，之后，我再也没能见到简姑姑了。

1817年5月，为了便于到莱福德先生处就诊，她被劝说搬到温彻斯特。当时莱福德家族医术精湛，世代相传，名满全城。那一代的莱福德先生声名远播，他的医术连伦敦的名医都大加赞赏。莱福德先生总说鼓舞人心的话。当然，他的职责就是让病人不要放弃任何一丝希望。但是我认为，从一开始他就知道简·奥斯汀治愈的可能性不大。离家就医，力尽所能做的一切都只为了给她内心宽慰，同时大家也愿用最好的医疗手段来稍微缓解她的病痛。

简·奥斯汀和她的姐姐卡桑德拉住在学院街的出租公寓。有两位热心的朋友就住在附近，希斯科特太太和比格小姐，她们分别是现在赫斯利的威廉·希斯科特爵士的母亲和姨妈。我们两家是世交。在温彻斯特那段悲伤的旅居生活里，这两位朋友尽其所能地让这两姐妹过得舒适。她们既贴心陪伴，又为她们提供各种出租公寓没有的便利。住进公寓后没多久，简·奥斯汀就给她的一个侄子写了下面这封极富个性的信。唉，只不过字迹不再像以往那样干净利落了。

温彻斯特市学院街大卫夫人的寓所

5 月 27 日，星期二

我亲爱的 E：

除了尽快亲笔写信告诉你，我身体正逐渐好转，想不出还有什么更好的方式来表达我对你的感谢。感谢你在我生病的时候给予我的真挚关心。我的字迹着实让我无法夸耀，容貌也未有往日光彩了，不过其他方面恢复得还挺快。我现在早上九点起床，晚上十点才就寝。总坐在沙发上也是事实，但我还能体面优雅地同卡桑德拉姑姑就餐，还能活动活动腿脚，比如从一个房间走到另一个房间。莱福德先生说可以治好我的病，但如果治不好的话，我会草拟一份悼词，置于教区长和牧师面前，而且毫无疑问，我还会拖着那具虔诚而又麻木的躯壳再爬起来修改悼词。

我们的公寓很舒服，有一间小巧整洁的起居室，内有一扇拱形窗，我们可以透过它俯瞰加贝尔博士的花园。[1] 感谢你父母的一番好意，把他

① 那是学院街上的一个角屋，位于大学寄宿宿舍的入口。

们的马车借给我，让我在周六来的路上不会感到太过乏力。若是那天天气好的话，可能我不会有丝毫疲倦。只是看到亨利叔叔和威廉爵士骑在马背上几乎淋了一天雨，只为了好心送我们，这让我实在于心不安。我们期待他们明天到访，希望他们能留下来过夜。星期四放假，我们打算带上查尔斯一起去吃早餐。到现在，他只来看望过我们一次，可怜的人，他现在也住在病房里，希望他今晚能出来。我们每天都能见到希斯科特太太，威廉很快也会前来探望我们。上帝保佑你，亲爱的E。如果某天你也生病了，我希望你也能像我一样得到精心照料。希望这些能慰藉人又心怀同情的朋友同样待你，愿你拥有他们诚挚的祝福。相信你会的，而且你值得为他们所爱，不会像我这般受之有愧。

非常爱你的姑姑，

J.A

下面是一封信的节选部分，写于上述那封信不久之后，以前曾发表过。其中表达了相同的恭顺和感激之情。

容我再多说一句，亲爱的姐姐，我那温柔细

心又不知疲倦的护士，还没有因操劳过度而病倒。对她以及我深爱的家人所给予我的关爱，我深感亏欠，对此只能涌泪相报，并祈求上帝赐予庇佑。

她在病中一直都是由姐姐照顾，她的嫂子，也就是我的母亲常会去帮忙。她去世时，她们两人都陪在身边。她有两个当教区长的哥哥，离温彻斯特不远，也常去探望。他们为她施行了一个临终洗礼。她在信中总是满怀希望，但她清楚自己已然生命垂危，不过她并不畏惧死亡。只是她对生命是那般眷念，她享受同家人相处的时光，也才开始对自己的成就有了一些信心。能够发挥自己的天赋，对她来说，无疑是一件乐事。我们都坚信她渴望能活久一点，但她已然准备好面对死亡，不带一丝忧虑和埋怨。

她一生于自己的家庭尽职尽责，她始终维系亲情，从不追名逐利。像是本能一般，她毕生在追求为身边的人谋求更多福祉。毫无疑问，在她最后的日子里，内心的平静就是她得到的最好回报。她讨人喜欢的性格从未变过。对那些关心她的人，她体贴入微，时时感怀在心。自觉身体好些时，她的爱开玩笑的劲儿也复原了，即便是愁容满面的人，都能被她逗笑。那时，她深感大限将至，于是将深思熟虑的遗言说了出来，并感谢了她的嫂子一直以来的陪伴。她说："你一直都是我的好姐妹，玛丽。"当死亡最终降临时，她很快变得虚弱不堪，当身边的人问她还需要什么时，她回答："除了死亡，别无他求。"这是她最后的遗言。1817 年 7 月 18 日清晨，她在平和安详中溘然长逝。

1817 年 7 月 24 日，简·奥斯汀被安葬在温彻斯特大教堂。她的墓地靠近北走廊的中点，几乎正对着威克姆的威廉那漂亮的礼拜堂。路中间的一块厚重的黑色大理石墓碑标记着她下葬的地方。只有家人参加了她的葬礼。葬礼过后，她的姐姐回到清冷的家中，她在那儿一待就是十年，照顾着年事已高的母亲。此后余生，她多数时间都在缅怀已故的妹妹，直到多年后才与妹妹在天堂重聚。简·奥斯汀的兄弟们也怀着悲痛的心情，回到各自家中，悲痛地悼念她。他们深爱着她并因为她而感到骄傲。他们钦佩于她的天赋、美德和迷人的风度；他们总喜欢在某个侄女或自己的女儿身上找寻简·奥斯汀的影子，但不奢望能找到如她那样完美的人了。

第十二章 《劝导》被删某一篇

从十分可靠的消息来源中，安妮得知了埃利奥特先生的为人。安妮离开了西门大楼，脑子里满是刚才听闻的事，心里五味杂陈。她一边回忆过去的种种，一边思考该如何面对即将发生的一切。她震惊于埃利奥特的为人，又悲叹于凯林奇的未来，还为拉塞尔夫人伤心难过，夫人是那么信任埃利奥特。倘若此时与他碰面，场面必定相当尴尬。要怎么面对他？又该如何才能避开他？是不是该告诉家里人？如果要说，哪些内容该隐瞒，又该说哪些？一切在她的脑子里乱作一团，她满腹疑惑又焦躁不安，对以后迷茫无措。此时，她正走在盖伊街上，克罗夫特将军叫住她时，她仍沉浸在自己的思绪中，还在奇怪怎么会在这里遇见他。她几乎忘了这儿离他家只有几步远了。

“你得来见见我太太，”他说，“她见到你一定会很高兴。”

安妮回绝了。

“不了，我真没时间，我正准备回家……”正推脱时，将军已经退到门口，敲了敲门，对她喊道：

“没关系，没关系的，进来吧，她一直都一个人待在家里，你进来坐会儿吧。”

此时安妮不想见任何人，这样被勉强让她有些恼怒，但是她不得不留下来。

“既然您如此热情地邀请我，”她说，“那么我就进去简单地问候一下克罗夫特太太，但我真的不能久留。您确定她现在是一个人吗？”

温特沃斯上校可能在那里，想到这儿她顿时紧张不安——他在还是不在——她迫切想知道答案。

“噢，是的！就她一个人，只有一个裁缝和她在一起，没有其他人。她们一直在倒腾她的袍子，差不多折腾了半个小时了，应该很快就好了。”

“她的裁缝也在！那我此时造访肯定很不方便。请您允许我留下一张名片，我改天再向克罗夫特太太解释，这样或许会更好。”

“不，不，那可不好，太不好了——她会很高兴见到你的。另外，我向你保证，她有件特别的事要跟你说，你去了就知道了，我就不多讲了。哦，埃利奥特小姐，我们听说了你的一些趣事儿（看啊，她要笑了）。不过你面无表情，活像个小法官那么严肃。”

安妮脸红了。

“是的，是的，快成了，没关系。我想我们都没弄错。”

他任由她去猜测他暗示的是什么，而安妮脑子里冒出的第一个疯狂想法就是温特沃斯上校向他泄了密。但她立刻又羞于这种想法，这绝对不可能，他指的应该是埃利奥特先生。门开了，仆人正要说女主人不在家，但看到男主人便识趣地噤了声。将军爱开玩笑，在这点上，安妮认为他的确要比斯蒂芬厉害多了。

无论如何，他最终还是把她请上了楼。他走在前面对安妮说：“我只是把你带上楼，不能久留，我还得去趟邮局。但是我保证，只要你坐五分钟，苏菲就回来了，没人会来打扰——真的没人，除了费雷德里克。”他一边说话一边打开了门。明明他在这里，怎么能说没有其他人呢！刚被保证没人打扰，她才松了一口气，但猝不及防，她竟然马上就要与他共处一室了！她的心提到了嗓子眼，没时间考虑了！没时间调整了！这点时间只够她脸色发白。穿过那扇门，迎上来的是温特沃斯上校诧异的目光，上校假装坐在炉火边看书，他原本只是奇怪将军怎会匆匆折返，根本没料到来的是安妮。

两人都没料想会这样相遇。但是，除了抑制情绪，相互礼貌问候外别无他法，唯剩下静默。好在将军立即设法打破了这种尴尬。他重复了一遍刚说的话，坚持让安妮坐下，令她感到舒适些——他对自己的离开表示歉意，并保证克罗夫特太太事情很快能办完，马上就能上楼来见安妮。安妮原本坐下了，听到他的话又立刻站起来，她重申不想打扰克罗夫特太太，希望现在离开，下次再行拜访。但是将军根本不理会她，要是她一开始就坚定拒绝邀请，或者毫不犹豫径直离开房间（或许她真的会那么做），那又会怎样？她害怕与上校独处聊天，但是只要不让他洞察出她的心思，也就没事了吧？她坐了下来，将军准备离开，刚到门口又说道：

“弗雷德里克，可以和你说两句话吗？”

温特沃斯上校立即跟过去，在他们刚要走出房间的时候，将军继续说道：“既然我把你们俩留在这儿，总得给你们一些话题聊才行；所以，如果你不介意……”

这时门被紧紧地关上了，但她可以猜测他们谈了些什么——她没听见最初的那几句话，但接下来的她不可能一点儿也听不见。将军自以为门关得很严，一点儿都没压低声音，不过她听不到温特沃斯上校的说话声。毫无疑问他们在谈论她。听到自己的名字和凯林奇被反复提及，她非常慌乱，不知如何是好，或者还能期望什么。最绝望的想法就是，温特沃斯上校不会再回房间里来了，尤其是在她答应留下之后，这简直糟糕得难以言说。他们好像在谈论将军对凯林奇的租约。她听见他说签了租约——或没签之类的话——这话题倒不像是会让人不安，但是紧接着……

“我不喜欢这种不确定。我必须立刻知道，苏菲也是这么想的。”

然后听见温特沃斯上校像是在低声地反对，希望别找他，想要推脱什么事。

“呸，呸！”将军回答道，“现在正是时候，如果你不愿意说，就不劳烦了，我自己说。”

“好吧，先生，好吧，先生。”温特沃斯上校不耐烦地回答，说着便准备打开门。

“那你就去吧，你保证你会说？”将军扯着天生的大嗓门嚷道，隔着一扇薄薄的门，声音听得清清楚楚。

“是的，先生，是的。”之后将军就急急忙忙离开了，门也被关上了，此时安妮跟温特沃斯上校单独在一起了。

她不敢看他，还好他立刻到窗边去了，不过似乎带着些犹豫和不安。大概过了五秒，她就后悔于自己什么都没有做——为自己的不理智而自责，因自己的失礼感到脸红。她希望可以聊聊天气或者音乐会，但是最终只能拿起报纸来掩饰自己的局促不安。很快压抑的氛围结束了，大概半分钟后上校转过身，走向她坐的桌子，费力而又拘谨地说道：

“想必你已经听到不少了，女士，所以你应该知道，将军要我跟你说一件特别的事，不管我有多不愿意，既然答应了，我就必须得说——这实在太失礼了，但考虑到我是替别人说的，而且不得不说，相信你会原谅我的冒昧。将军这个人，你是了解他的，他并非鲁莽无礼之辈。他做事的出发点永远是最善良、最友好的，他并非故意令我前来相告，他也不知道这件事情让我为难。”他停下来，略微缓了口气，并不期望得到回答。安妮静静地听着，仿佛她的生命就依赖于他将要说的事上。他勉强装作神情愉快，继续说道：

“女士，将军他在今早得到一个确切的消息，你将——天啊，我不知道该怎么说，太让人难为情了（他喘了口气，语速加快）——太尴尬了，偏偏要跟作为当事人的你说这件事——我现在这么窘迫，你肯定完全了解。据可靠消息，埃利奥特先生——你和埃利奥特先生的婚事已经安排好了，并得到了家里人的认可。据说你还要住在凯林奇——凯林奇的房屋要被收回去，不会再租了。将军听到的消息可能不准确，但他想所有人都可能希望如此。他交给我的任务就是让我来告诉你，如果你的家人希望是这样，他在凯林奇的租赁合约就应当作废，他和我的姐姐好另觅住处，也不指望有谁会设身处地为他们着想。就是这些了，女士。你只要给我几句简单的答复就好。这件事由我来做再合适不过，但是相信我，女士，这依然令我痛苦。你只需给句话，我们就能从现在的尴尬中解脱了。”

安妮才吐露一两个字，就已语无伦次。在她调整好自己的情绪之前，他又说道：“或者你只需告诉我，将军可以写个便条问沃尔特爵士，也足够了。只要你开口，他就会按你所说的去做，我也会立刻执行。”

“不，先生。”安妮说，“我没有什么好说的。你误会——将军误会了。我明白他的出发点是好的，但是他真的弄错了。根本就不是这样的。”

他沉默了一会儿。她看向他，这还是他回屋后，她第一次看他。他的表情在变化，他的眼神热烈而真挚，她相信，没人会有他那样饱含深情的眼神。

“没有这事儿吗？”他又问了一遍，“真的一点儿都没有？”

“没有。”

他原本站在一张椅子旁，不是慵懒地倚靠着椅子，就是随意地把椅子摆来弄去。现在他坐了下来，把椅子朝她挪近了一点。他一副若有所思的样子看着她——这次眼中多了一丝温柔。她的脸上没有失落的表情。虽然两人没有说话，此处无声却胜似有声，他在恳求，她在接受。他又挪近了一点，捧起她的一只手紧紧握住，突然喊道：“安妮，我亲爱的安妮！”他最真挚而强烈的情感在这一刻迸发，所有的犹豫不决、优柔寡断瞬间消失。

两人又重归于好，找回了失去的一切，彼此更加互相依恋，信念也更加坚定。他们心绪摇曳，沉浸于喜悦之中。不久后，克罗夫特太太的出现倒是令他们不知所措。克罗夫特太太进来待了十分钟，察觉到些许端倪，显然依照她的个性，不可能会责怪裁缝没多留她一会儿，但是她肯定希望能够借故离开，比如暴风雨打碎了楼下的窗户，或者将军的鞋匠叫她下去。

好在幸运还是眷顾着他们，只是以另外一种方式降临，就当将军回来而安妮正起身告辞时，屋外突然下起了一场连绵的细雨。于是将军热情地邀请安妮留下来共进晚餐。安妮只得差人送了一张便条到卡姆登巷，便留了下来，一直待到晚上十点。至于将军和将军夫人在这段时间里，有可能是出于将军夫人巧妙的安排，也有可能是二人平时的习惯，总是相约一起离开房间——不是上楼查看奇怪的声响，就是下楼去查查他们的账簿，或者爬上楼梯调调油灯。这些珍贵的时刻对安妮和温特沃斯上校来说已足以排遣过去所有焦虑不安的情绪。

直到夜晚他们才分别，此时安妮已非常幸福满足了。她确信（远在他们经历波折之前）她在他的心里地位已无可替代。他对她的爱难以用语言表达，现在她在他的心中堪称完美，坚韧与温柔融合得恰到好处——他对她的爱，从未停止。不过直到在莱姆的时候，他才对她有正确的认识，也是在莱姆，他才开始明白自己的感情。而在这儿，教训不止一个——埃利奥特先生对安妮的倾慕刺激了他，而在科布长堤和哈维尔上校家发生的一切则令他更为认识到安妮非凡的魅力。

他之前（出于恼怒和傲慢）去追求路易莎·默斯格罗夫，他辩解自己时常感到不会与路易莎坠入爱河。直到那天经历了那些事，他才在闲暇之余冷静思考，他不得不承认安妮思想的不凡是路易莎无法比拟的，也正是这颗无与伦比的心灵，牢牢地捕获了他的心。至此，他才分清坚定原则和固执己见的区别，辨别什么是胆大妄为，而什么才是冷静果敢。在这里，每一次的经历，都让他愈加重视失去的那位女子。他开始谴责自己的傲慢、荒唐和毫无缘由的怨恨，因为这些阻碍了他竭力挽回她。从那时到今日，命运对他的惩罚如此残酷。他刚从路易莎发生意外那最初几天的惶恐和懊悔中解脱出来，刚开始觉得自己得到重生，却又发现自己虽然还活着，却已不再自由。

他发现，他的朋友哈维尔以为他已经订婚了。哈维尔一家毫不怀疑他和路易莎之间彼此相恋。尽管他可以立即反驳，但回头一想，或许她的家人，其他人，甚至她自己都是如此看法。那么出于道义，他将不再自由。若如此就下了定论，天呐，实在太过随意！他以前从未认真想过，也没充分考虑到，他在厄泼克劳斯对路易莎过于亲密的举动会引发这诸多恶果。当时他只是想尝试是否能爱上其中一个姑娘，却没想到即便没整出个单相思来，也会引起不少闲言碎语。

已经太晚了，他已深陷其中。他知道自己对路易莎完全没有感觉，但若是路易莎对他的感情正如哈维尔一家所想的那般炽热，那么他不得不注定与她绑在一起。为此，他必须得离开，到别处等待她伤口愈合。只要是恰当的方式，他都愿意一试，只为让人们看清真相，不要肆意揣测。因而他又去了什罗普郡，打算过段时间重回凯林奇找克罗夫特将军，然后见机行事。

他一直住在什罗普郡，整日悔恨自己被傲慢所蒙蔽，因失算而深陷泥潭，直到得知了一个意外惊喜——路易莎与本威克订婚了，他才从路易莎的束缚中得以解脱。

巴斯——他脑海中立马闪过这个地方，未敢耽搁，即刻便出发了。他满怀希望地到达巴斯，却见到了埃利奥特，仅这第一眼，妒忌就几乎将他撕碎。在音乐会上他感觉一切都物是人非，今早又听到有模有样的传言，他几乎崩溃绝望。而此刻他沉浸在难以言表的幸福中，这心情实在无人能够领会。

他那么热切而又兴致勃勃地讲述着他在音乐会上的感受。那个夜晚看来充满了各种奇妙的时刻。那一刻在八角厅，安妮走来跟他说话时，埃利奥特先生突然出现将她带走了。后来又有一两次，他重新燃起的希望与痛苦沮丧相互交织，无论哪种情绪都如此强烈。

“我看到你，”他大声说道，“站在那群不待见我的人中

Looking on her with a face as pallid as her own.

简·奥斯汀的小说《劝导》中的一幕

间，看到你的表哥紧挨着你，又是说又是笑，见鬼，活像是天生一对。那些人如此强行左右你的想法，我想这就是他们的心愿吧！即便你心有不甘或无动于衷，但看看他有那么多撑腰的人！这还不足以让我的出现显得可笑吗？我怎么能毫无痛苦地看下去？看到你朋友坐在你身后，我便不由得回想，她的劝说曾对你造成了什么影响，我至今难以释怀——难道这一切不都是在跟我针锋相对吗？”

“你应该已经明白了吧，”安妮回答，“现在你不该怀疑

名著插画：《劝导》

我啊！事情已经过去了，我也不复当年的年纪。如果说我听从他人的劝说算错的话，也请记得，这劝说是出于谨慎小心，不要我盲目冒险。当初我屈从于这些劝说，都只是出于道义，但现在不存在道义这个问题了。若嫁给一个我不在乎的人，那风险可更大了，这也是违背道义的。”

“也许我应该这般考虑，”他回答，“但我做不到，我才刚认清你的品质，但这些还没有办法帮助我。我无法使这些认识发挥作用，它们早已被以前的感情所湮没。这感情长久地刺痛着我，让我痛苦不堪。一想到你，我就想到了你屈服于他人而将我抛弃。谁的话你都听得进去，可唯独除了我的。我看见你还和那人在一起，那个说服了你而让我痛苦的人。我并不觉她的影响丝毫有所减弱，要知道，习惯是日复一日，与日俱增的。”

“我还以为，”安妮说，“我对你的态度可以打消你的大部分疑虑，甚至全部。”

“不，不！你的态度只能使人觉得，你是因为与另一个男人订了婚而心满意足。我就是在这种想法的驱使下才离开你的。但是我决心要再见你一面。直到今天早上，我的心情还很激动，不过我感觉自己依然有理由留在这里。但将军的消息犹如当头棒喝，那时我便犹豫不决了，只知若确认情况属实，我就立刻离开巴斯，绝不多待。”

时间在两人的交谈中渐渐溜走，偶尔的沉默，也只为他们的谈话更添美妙。巴斯可能很难再有这么一对爱侣，能如此理所当然地兴高采烈了。那个夜晚，在盖伊街，他们霸占着克罗夫特太太客厅里的沙发，一整夜未眠。

将军一回到家，温特沃斯上校就汇报清楚了埃利奥特先生和凯林奇一事，好令他安心。将军心思缜密，也没有再就这事问安妮。他小心翼翼，以免提及微妙的话题令安妮伤心——谁又说得准呢？她对表兄的爱慕可能更胜过表兄对她的。将军转念又想起，如果他们一开始就打算结婚，又为何如此拖延？当这个夜晚结束时，大概将军才从夫人那里得到了最新的消息。将军夫人十分友好的态度让安妮明白她已经知晓了事情的来龙去脉，同时也十分赞同这一切。这一天对安妮来说真是个特别的日子。她离开卡姆登巷才几个小时，居然就发生了这么多事！她有些不知所措，回想起来，真是太令人兴奋了。这一夜实在是不应入眠，该熬上个大半夜，再躺下来，认真考虑现下的情形，最后以头疼和疲劳作为因过度兴奋而付出的代价。

后面一章是第十一章，即出版作品里的第十二章，并在后面写着——

全剧终，1816 年 7 月 18 日

第十三章　最后作品终展现

死神把简·奥斯汀从我们身边夺走了：有多少未用尽的天赋随她一同埋葬。若她活得长久些，还能为读者贡献多少优秀的作品，这些都已无从知晓。但可以肯定的是，她一直致力于挖掘的文学宝藏永不会枯竭，对那些新颖的素材，她始终孜孜以求。《劝导》一书于1816年8月完成。为了出版，可能她又花了一些时间校正。但根据她手稿上的日期，可知她又于1817年1月27日开始创作一部新的小说，并且一直写到3月17日。

大部分手稿如往常一样，书写流畅而整洁，但是末尾有些段落出现了铅笔底稿，可能那时她身体过于虚弱，已经不允许她长时间坐在书桌前以墨水笔书写。在短短七周内，她就完成了十二章，创作量如此之多，根本无法看出她的写作能力和毅力有所减退。评价一部未完成的作品，实属不易。这部小说没有名字；故事脉络少之又少，甚至看不出谁是女主角，比如范妮·普赖斯或者安妮·埃利奥特之类那样能引起读者共鸣与同情的人物。这样一部尚未完成的作品，本不可能呈现给公众，但我还是妥协了。我想简·奥斯汀的忠实读者应该会很乐于了解这部还在她头脑里酝酿的作品。并且，鉴于她笔下已经勾勒出的主要人物形象在小说的篇章段落里已有了大致描述，我将摘录部分内容，尽力呈现出人物形象的大概轮廓。

故事情景设定在桑迪屯，一个位于萨塞克斯郡海滨的村庄。教区的两大业主帕克先生和德纳姆夫人正大力开发海水浴场，这也让村庄深陷于臭名远扬的泥沼中。

帕克先生性格和善，热情有余而睿智不足。他那有些肤浅的头脑一边期盼着桑迪屯的繁荣，一边又对作为竞争对手的布林畔村庄报以嫉妒和蔑视，因为布林畔村庄也试图发展海滨浴场。虽然他的妻子帕克夫人对他很是迁就，但仍十分懊恼丈夫迁离了祖宅。他们原本有一座祖传的庄园，坐落在离海岸几英里远的山谷中，那里有舒适宜人的花园，郁郁葱葱的灌木林，还有篱笆围墙。但他抛弃了那里的舒适生活，在海边建了一幢新房子——特拉法尔加屋，矗立在突兀的山崖之上，俯瞰桑迪屯和大海，暴露在海风中饱受肆虐。不过帕克先生可不会说住在这里不舒适，更不会承认举家搬迁到这里是让家人遭罪。以下这段文字的节选部分描写了他闲暇时的爱好，读者可以从中对其性格了解一二。

他急切希望这次拜访的承诺得以兑现，好让更多的人跟着他搬到桑迪屯，只要是家里住得下就行，还有到得越快越好。诚然，海伍德家的人身体都很健康，他还预言每个人都会因海受益。他认为偶尔的锻炼和心态的平衡只是看似对身体略有助益，但若每年不在海边待上至少六个星期，谁也不能永葆健康。海边的空气和海水浴是一对绝佳的组合，堪称灵丹妙药，不论是对肠胃、肺部还是血液上的毛病，定有它俩其中一个可以将这毛病治愈。它们可抗痉挛、治肺病和胆汁病，还可抵御风湿。只要住在海边，没人会感冒、食欲不振、精神萎靡，更不会身体虚弱。它们能治愈百病、安抚情感、放松身心、强健体魄、振作精神，只有想不到的，没有它们做不到的。不论海风，抑或是海水浴，总有一个能见效。如果海风没有达到上述效果，那么还有海水浴来鼎力相助。如果海水浴失效了，那么海风就是最佳治疗手段。不过帕克先生口才虽好，却无人响应，海伍德夫妇根本就没离开家……他们有十四个孩子需要抚养、教育，以及帮助其成家立业，这需要平定、安稳、谨慎的生活节奏，这就使得他们不得不踏踏实实、安安稳稳地住在威林顿。以前这只是出于谨慎的考虑，不过现在已然成了习惯。他们喜欢安稳地过日子——他们从未离开威林顿，也乐于向他人承认这一点。”

德纳姆夫人则是个迥然不同的人物。她是个富裕却粗鄙的寡妇。她精明却心胸狭隘，只要自己的资产可以增收，她也会关心桑迪屯的繁荣。作者是这样描述她的：

德纳姆夫人原本是富裕的布里尔顿小姐，含着金汤匙出生，却没接受什么教育。她的第一任丈夫是霍利斯先生，在桑迪屯教区有着相当可观的财富，庄园、府邸应有尽有。德纳姆夫人与霍利斯先生结婚时，他已经是个老爷子了，而她那时才三十岁左右。她为何愿嫁给比自己大四十岁的男人，这着实令人难以理解，不过她把霍利斯先生照顾得很好，很会讨他欢心。霍利斯先生去世时，把所有家业都留给了她，尽数为她所支配。寡居数年后，她再次结婚。她的第二任丈夫是哈利·德纳姆爵士，其领地德纳姆庄园与桑迪屯毗邻。婚后哈利·德纳姆倒是人财两得，但这可不是个一劳永逸的法子，他并没有将寡妇的财产并入自己的家产，德纳姆家的人也并未由此受益。要知道德纳姆夫人行事最是谨慎，所有一切都在她的掌握之中。哈利爵士去世后，她又搬回了她在桑迪屯的宅子。据说她曾这样自夸：在德纳姆家，除了一个头衔她什么也没得到，当然她也没为这个头衔付出什么。人们猜测，或许就是为了这个头衔，她才嫁给哈利爵士。

若以当时社会对女性的评价，德纳姆夫人的确是个了不起的女人。她每年有几千英镑的收入，死后会留下一大笔遗产，有三方亲戚会因此受益：首先是她娘家的亲戚，他们自然觊觎德纳姆夫人早年带走的三万英镑嫁妆；其次是霍利斯先生的法定继承人，未得分毫的他们，当然希望德纳姆夫人能公正些，给予他们一点补偿；最后是德纳姆家族的成员，她的第二任丈夫就曾希望为他们争取一大笔财富。无论是以上所有人还是某一部分人，毫无疑问，会长期不断地围着德纳姆夫人转来转去。提到这三方亲戚，帕克先生断言，情况对霍利斯家族的人最为不利，而哈利·德纳姆家族的人最得德纳姆夫人的欢心。

帕克先生认为，在霍利斯先生去世时，霍利斯先生家里的人非常不明智地说了些不客气的话，现在也无法挽回局面了；而哈利·德纳姆家族的优势在于德纳姆夫人较为珍视与他们的关系。他们和那些自小与德纳姆夫人相识的人一道，随时找准机会为自己谋些好处。但是此时又出现了一位声称有财产继承权的人：一位与德纳姆夫人有些亲属关系的年轻小姐，经人介绍，德纳姆夫人把她带回了家。以前德纳姆夫人才不会让别人给她做伴，以往要是有亲戚们给她介绍“这位或那位年轻小姐”，她就会一再打消他们的念头，且乐此不疲。可是在上个米迦勒节，德纳姆夫人把克拉拉·布里尔顿小姐从伦敦带了回来，说是和她在桑迪屯的宅子里做个伴。本来是爱德华·德纳姆爵士得宠，而现在克拉拉·布里尔顿小姐可能更获偏爱。布里尔顿小姐也要为自己和家人在这场财产争夺战中争取有利地位，当然他们也最有资格继承这笔日积月累的财富。

通过帕克先生家茶桌边的一场谈话，德纳姆夫人的性格特点充分展现了出来。

话题又都扯到桑迪屯了，谈起现在游客的数量，以及旅游旺季出现的可能性。很显然，比起合作伙伴帕克先生，德纳姆夫人更为担心，更害怕损失。她希望能有大量游客涌来，又有些心烦意乱，纠结什么时候将寄宿公寓出租出去。听说有一所寄宿学校的师生要来时，她回答说："啊，那还挺好啊！他们会在这里住上六个星期，说不定会住更久，谁知道呢？没准还会有有钱人想喝驴奶，我这儿正好有两头驴在产奶期。但那些小女孩可别把家具弄坏了，希望有个称职的女教师好好管着她们。"

但她坚决反对帕克先生请一位大夫到本地定居。"为什么要找个大夫，大夫在这儿有什么用？要是有个大夫，他只会撺掇那些仆人和穷人成天觉得自己得了病。噢，千万别有大夫来桑迪屯。没有大夫，我们照样过得好好的。我们这儿有海、有山，还有我那正产奶的驴。我告诉过惠特比太太，如果有人要用室马，我这儿就有一辆，价格好商量（那是可怜的霍利斯先生的室马，几乎还和新的一样）。他们还有什么好奢求的？我活了七十年就吃过两次药，也从没因什么毛病找过大夫。如果我那可怜的哈利爵士没看医生，没准儿现在还活着呢。一笔接着一笔啊，那个大夫可收了整整十笔费用，最后还是把他折腾死了。算我求你了，帕克先生，真没必要。”

在与帕克先生的客人夏洛特·海伍德交谈时，德纳姆夫人的性格展现得更为淋漓尽致。那时爱德华·德纳姆爵士和他的妹妹埃丝特，还有克拉拉·布里尔顿小姐刚好离开。

其他客人都去图书室了，夏洛特接受了德纳姆夫人的邀请留下，在阳台上与她又聊了一会儿。德纳姆夫人像个真正的贵妇人一样侃侃而谈，一直自说自话，夏洛特则在一旁默默听着。说话间她轻轻挽着夏洛特的手臂，好像是给了夏洛特莫大的恩赐。她说起话来显得傲慢自大，也或许是天生如此，语气很是得意，总表现出一副英明睿智的样子：

“埃丝特小姐希望我像去年夏天那样，邀请她和她的哥哥到我在桑迪屯的宅子中住上一个礼拜，我拒绝了。她不是夸奖这个，就是讨好那个，用各种方法哄骗我，但我知道她打的什么小算盘，我早看穿那点儿小伎俩了。亲爱的，我可不是那么好哄的。”

夏洛特想不出什么无关痛痒的话，只得简单问一句：“是爱德华爵士和德纳姆小姐吗？”

“是的，亲爱的！我的小家伙们，有时我是

这么叫他们的。我可是经常关照他们的。去年夏天，差不多也是这个时候，我留他们在我这里住了一个礼拜。从一个礼拜一到下一个礼拜一，他们很是高兴，一直感恩戴德的。他们都是善良的年轻人，亲爱的。我可不希望你觉得，我是为了那可怜的哈利爵士才收留他们的。不是的，不是的！这都是他们应得的，相信我，不然他们才接近不了我呢。我可不是老好人，什么人都帮。做事情前我都会掂量掂量，插手什么事情之前也总会考虑什么人该帮。我这辈子，干什么都是在意料之内。对一个结过两次婚的女人来说，这真是再好不过了。我亲爱的、可怜的哈利爵士当初就是奢求太多（我也就是咱俩之间才这么说），但是（轻声叹了一口气）他已经走了，我们也不能挑死人的毛病。没人能比我们夫妻更幸福的了。他出生高贵，是个体面的人、真正的绅士。他过世后，我还把他的金手表给了爱德华爵士。”

说话间德纳姆夫人瞥了夏洛特一眼，暗示夏洛特这时候应该对她的慷慨大加称赞。但是夏洛特的脸上平静如往常，没有丝毫波动，她又赶紧补充道：

“哈利并没说要把金手表赠予他的侄子，亲爱的，这不属于遗赠，也并没写到遗嘱里。他只跟我提到过一次，而且也仅有那么一次，说他希望把金手表给他的侄子。但是如果我决意隐瞒的话，谁也不会知道这件事的。”

“您真的太好了，太慷慨了！”夏洛特说，完全是出于被迫，她才表现出深受感动而钦佩不已的样子。

“是啊，亲爱的，我为他做的好事可不止这一件。对爱德华而言，我是一位慷慨的朋友，他非常需要我这样的朋友。尽管我是哈利爵士的遗孀，他是继承人，但是我们的关系可不像别人想的那么僵。我没有拿德纳姆家一分一厘的财产，爱德华也没想法子讨好我，让我非得这么做。我们之间，他的地位不在我之上，相信我，反倒是我要帮衬着他。”

“的确！他是个非常不错的年轻人，谈吐不凡。”

夏洛特这样说，不过是为了找点话说。但是她即刻发现自己的意图被识破了，德纳姆夫人目光狡黠，轻扫了她一眼，接着说：

“是的，没错，他模样的确俊俏，但愿哪家有钱的小姐也这么想。爱德华爵士必定得是为了钱而结婚。他常跟我谈论这事。一个像他那样英俊帅气的年轻人确实爱四处卖弄，向小姐们献献殷勤，但他清楚自己要结婚的话，肯定是为了钱。总的来说，爱德华还是个沉着稳重的年轻人，脑筋灵光得很。”

“爱德华·德纳姆爵士，”夏洛特说，“条件这么好，只要他愿意，一定能娶到有钱人家的小姐。”

这样的盛赞似乎打消了德纳姆夫人的疑虑。

“对，亲爱的，你的话很有道理！如果我们能有个女继承人来桑迪屯该多好啊！可女继承人实在少之又少！桑迪屯虽然也算得上是人来人往的地方，但这儿没有我们想要的，哪怕是共同继承人。虽然一家接着一家的人来桑迪屯，但据我所知，一百户中也找不出一户真正有家业的，不论是领地还是钱财。也许会有有一定收入的家庭，但肯定没多少资产。他们都是些教区长或者镇上的律师，还有半薪的公务员或者是握着丁点遗产的寡妇，这些人又能有什么用处呢？也就是租了我们的空房而已。依我看（就咱俩之间才这么说），这些蠢货最好在家待着别出门。眼下要是有个年轻的女继承人来桑迪屯调养身体该多好啊！她身体一好，我就能想法子让她跟爱德华交往。这就完美了。还有，埃丝特肯定也得为了钱结婚。她必须得找个有钱的丈夫。唉！没钱的年轻小姐真是可怜巴巴的！”稍作停顿，她继续说道：“如果埃丝特小姐还想哄我邀她来桑迪屯老宅做客，那她就大错特错了。去年夏天我就改主意了，你知道的，我已经让克拉拉小姐来桑迪屯给我做伴了，这可就不同了。我可不想让我仅有的两个女仆，把整个上午都浪费在打扫卧室上。她们每天要打扫克拉拉小姐的房间，还有我的。要是活重了，肯定还想要加钱。”

夏洛特此时既觉好笑又有些恼怒，但她并未面露不悦，而是继续礼貌性地保持沉默。但她再也听不下去了，只觉德纳姆夫人会一直这样喋喋不休。她自顾自地思忖着：“她就是个不折不扣的吝啬鬼，比我预想的还坏。帕克先生高看她了，他心肠太好了，看不清她的为人，可能是他们之间的关系对他造成了误导。他说服她跟自己合作经营浴场，只有这点上他们目标一致。仅凭这样，帕克先生便误以为他们在其他事情上也能达成共识。但德纳姆夫人实在太刻薄了，我瞧不见她有什么优点。可怜的布里尔顿小姐，这害得每个人都看不起她。还有可怜的爱德华爵士和他的妹妹，我不知道他们的人品是否值得尊敬，但是他们对德纳姆夫人谄媚逢迎的样子，真是糟糕透了。我也和他们差不多，看我现在聚精会神地听她说话，装作一脸赞赏、笑脸相迎的样子。这就是有钱人的龌龊之处。”

帕克先生有两个性格古怪且尚未婚配的姐妹。她们同住，年龄较小的叫黛安娜，总想着出头，年长的则是个跟屁虫。她们的日常生活就是臆想自己极为体弱多病，而这痛苦从未有人感受过。不过不论是疼痛剧烈，还是虚脱倒地，黛安娜·帕克总能打起精神及时出现，管管熟人的闲事，在不需要她的场合捣乱。

看上去她们每天不是忙着为别人操心，就是自己病得不行。她们生来体弱多病，再加上吃药，尤其是吃偏方药，年纪轻轻就落下各种病根。除此之外，其他的痛楚则源于她们的胡思乱想，而这一切只为凸显自己的与众不同与卓尔不群。其实她们心地善良、性情温柔，就是有些浮躁，比他人爱炫耀攀比，所以才竭尽所能地做善事。然而她们无论做了什么，或是忍受了什么，无一不是出于虚荣心。

下面这封黛安娜·帕克写给她兄弟的信，极尽展现了她的这些性格。

亲爱的汤姆：

知道你出了意外，我们很心痛，若不是你在信中提到你现在被照顾得很好，看到你的来信时，我定会不顾一切赶到你身边。尽管我老毛病又犯了，这次发病比以前更为严重，我连从床上挪到沙发上都困难得很。你被照顾得怎么样？下次来信请务必告知详情。如果真如你所说只是简单的扭伤，那没有比按摩更有效的治疗方法了——只用手按摩就行，只要你立马开始做就能管用。两年前我拜访谢尔登太太时，恰好遇到她的马夫在打扫马车时摔下来扭伤了脚，一瘸一拐，差点就进不了屋。但是我立即用手给他按摩扭伤处，并持续不断地按（我亲自动手为他按摩，连续不断地在他的踝关节处按摩了四个小时）。他三天后就痊愈了……求求你，千万别冒险让大夫治疗。即使你已为桑迪屯找来经验最为丰富的大夫，我们也不推荐。我们已经对大夫那群人失望透顶。我们曾找了一个又一个大夫，结果全都是徒劳。最后我们意识到，他们什么也做不了，还不如我们自己了解这副苟延残喘的躯体，要想缓解病痛，还不如靠我们自己。如果你觉得还是有位大夫比较好，对大家都有好处，我很乐意帮你找一个，而且绝对是能帮上忙的。我会立即着手做这件事，不过至于要我亲自去桑迪屯，怕是不可能了。我很难过不能去桑迪屯，但直觉告诉我，以我现在的身体状况，如果吹了海风，我可能就活到头了。另外，我也很担心苏珊的神经受不了。她近期饱受头痛折磨，每天用六只水蛭治疗，已经治疗了十天，但她的头痛仍未得到丝毫缓解。我们想着，这肯定得找别的办法了。经过检查，我坚信病根出在她的牙龈上，我劝她先治牙。然后她拔了三颗牙齿，现在感觉好多了。但是她的神经已经严重紊乱，只能小声说话。今天早上，阿瑟没忍住咳嗽了一声，苏珊就晕倒了。

写完这封信后的一个星期，尽管不能四处走动，还可能受到海风的致命威胁，黛安娜·帕克还是和她的姐姐去了桑迪屯。她吹嘘道，都靠她坚持不懈地劝说，并动用了诸多人脉，才得以说服两个大家庭来桑迪屯租房子。她就是为促成此事才来的，尽管没有达到预期效果，但她的身体倒没受什么影响。

以上为小说里的部分人物，人物形象都已塑造好了，只等着上演各自的戏码。这些人物虽是原创，但与作者以往的角色大相径庭。若是要将这些零星碎片组成优秀作品，那全都得倚仗作者安排好戏的功底，相信绝对不会有人怀疑作者这方面的能力，毕竟她已经创作了那么多成功的作品。如果她能活到把这部作品完成，那么这些人物定会被赋予鲜活的生命，成为家喻户晓的人物形象——像贝内特先生、约翰·索普、玛丽·默斯格罗夫和诺里斯姨妈一样成为经典，永垂不朽。

后 记

最初有人请我写一部关于我姑姑的回忆录，我极为不情愿。原因多种多样，不仅因为我已经有七十高龄，实在有心无力，而且我未发表过文章，自觉没有能力完成这部作品。但最主要的原因还是缺少创作传记所必需的素材，我手上的素材寥寥无几。我姑姑早在五十二年前就已入土为安，这么长时间以来，家人都没有想过为她著书立传。她最亲近的家人非但没有这种想法，反而销毁了大量有助于创作传记的信件和文章。我想，一部分原因是他们极其厌恶公开个人隐私，另一部分则是他们没有料到，世人会对简·奥斯汀的作品有如此深厚而持久的兴趣，甚至将其奉为人类所共有的文学珍宝。因此，我想要尽可能唤醒与她相关的记忆，而不是仅把搜寻到的素材进行简单的文字堆叠。然而就这个主题本身，我想不到有什么特别的能吸引读者兴趣的东西。

有人说，幸福快乐的人就像处于繁荣和平的国家一样，没有什么故事可以言说。我姑姑也是如此，她的人生没有波折起伏，性情也十分温婉平和。她没有乖戾跋扈的个性和古怪的脾气，也没有怪异的行为和多愁善感的心思。那些极具天赋的人们常有的性格特点，她都不具备，而这也就因此没有什么好描写的了。她清醒理智、温柔而有爱心，行事有原则，自律而谨慎，唯一能将她与其他温柔而理智的女性区别开来的，就是展现在她作品中的非凡才智，但这个对创作传记来说却没什么用。

最终促使我写这部传记的原因，我已经在序言中明确说明了。我知道有些事我必须做，因为除了我，没人能做这些事，所以我投身于这部传记的写作中。我很高兴能够完成这部作品。作为对家庭成员的一个记录，那些特别看重与简·奥斯汀之间关系的亲属多半会对此感兴趣，在此，我也将该作品献给他们。鉴于我应读者邀请写了这部作品，虽自知其内容匮乏、语言冗杂，但也还是愿将这本书呈现给公众，让他们加以点评。我知道读者眼中此书价值几何，并非由其本身决定，而在于他们对我姑姑作品的看重。事实上，我将这作品当作验证姑姑才华的试金石，如若有人认为我这拙劣的描写有些许趣味，那都是她的缘故。

布雷教区长住宅

1869 年 9 月 7 日

以下为初版时的附笔，再版时已删除。

本书付印后，我读到米特福德小姐传记的第一卷，十分诧异地发现她在书中的一封信里对我姑姑的品行做了让人难以置信的歪曲描述。米特福德小姐宣称她本人并不认识简·奥斯汀，她只是转述了她母亲的话而已。而且米特福德小姐还说她妈妈在结婚之前，就与简·奥斯汀及其家人相熟。她还这样写道：“妈妈曾说简·奥斯汀是她见过的最花哨、最愚钝、最做作，成天流连于男人中间，想钓个有钱夫婿的花蝴蝶。”该书编辑敏锐地发现，这种形容同“截至目前，对简·奥斯汀的其他描述”有着天壤之别，因而在一则注释中注明。

米特福德小姐的形容，当然与我笔下姑姑个性谦逊、为人朴实的形象相去甚远。要是被当真的话，那不仅会伤害姑姑在人们心中的形象，而且对我这个传记作者来说，信誉亦会受到严重损坏。不过幸好我不用在这一点上与米特福德小姐争个高下，也不用就谁的见证更为真实而一决雌雄。因为仅靠时间这一例证，我就能证明米特福德小姐大错特错。她的母亲不可能像她说的那样形容简·奥斯汀，因为按那封信的时间推算，简·奥斯汀那时还是个小女孩。

米特福德太太是阿什教区长罗素博士的女儿，阿什教区毗邻史蒂文顿教区，因此奥斯汀和罗素两家人那时应当是彼此认识的。但是米特福德小姐提到，她的母亲结婚后，两家的交往就中断了。米特福德小姐的母亲于1785年10月结婚，而简·奥斯汀于1775年12月出生，那时她还不到十岁。事实上，罗素小姐在这之前就已经没有机会能观察简·奥斯汀了。因为1783年1月罗素博士就去世了，随后他的遗孀就带着女儿搬走了，所以简·奥斯汀才七岁多时，两家就断了往来。

人们在转述发生于出生前的事情时，大多可能源自传言，可信度往往不高。当他们记不清时，更是会添油加醋，其结果就是想象的情节取代了真实情况。

我就不在此纠正简·奥斯汀逝世后那些对她的歪曲描述了，因为米特福德小姐也坦言，在这一点上她不确定自己是否受了误导。

1869 年 11 月 17 日